DeepSeek+
AI 炒股
一本通

从散户思维到
投资高手

恒盛杰资讯　编著

FROM RETAIL
INVESTOR MINDSET
TO INVESTMENT
MASTERY

北京理工大学出版社
BEIJING INSTITUTE OF TECHNOLOGY PRESS

图书在版编目（CIP）数据

DeepSeek+AI 炒股一本通：从散户思维到投资高手 /
恒盛杰资讯编著 . -- 北京 : 北京理工大学出版社 , 2025. 4. (2025. 6 重印)
ISBN 978-7-5763-5279-5

I. F830.91-39

中国国家版本馆 CIP 数据核字第 2025C9L507 号

责任编辑：江　立　　　　**文案编辑：**江　立
责任校对：周瑞红　　　　**责任印制：**施胜娟

出版发行 / 北京理工大学出版社有限责任公司

社　　址 / 北京市丰台区四合庄路 6 号

邮　　编 / 100070

电　　话 /（010）68944451（大众售后服务热线）

　　　　　　（010）68912824（大众售后服务热线）

网　　址 / http://www.bitpress.com.cn

版 印 次 / 2025 年 6 月第 1 版第 2 次印刷

印　　刷 / 三河市中晟雅豪印务有限公司

开　　本 / 880 mm × 1230 mm　1 / 32

印　　张 / 6.25

字　　数 / 97 千字

价　　格 / 69.00 元

图书出现印装质量问题，请拨打售后服务热线，负责调换随着 DeepSeek 引发的 AI 热潮席卷全球，我们正步入一个全新的 AI 时代。为了顺应这一时代浪潮，让更多读者深刻认识到 AI 技术在股市投资领域所蕴含的巨大潜力，学会有效地使用 AI 工具来提高自己的投资决策质量，本书应运而生。本书能够让新手投资者更轻松地掌握股票市场动态，优化交易策略，最终实现更稳健的投资收益。

本书介绍了 AI 给投资领域带来的变革，强调了选择合适的投资工具的重要性，并展示了 AI 在简化投资过程中的作用。面对新股民，本书深入讲解了如何借助 AI 理解股票走势，包括基本面分析、K 线图解读、成交量和技术指标的认识。此外，书中详细说明了新手应关注的看盘重点，如关键时间段、分时盘面解析、K 线组合和量价关系，以提高看盘效率。本书还提出了多种低买高卖策略，如底部形态识别、成交量分析、跟随主力买入获利等方法，帮助投资者抓住买卖良机。面向老股民，本书分享了更深层次的应用，例如使用 AI 工具分析宏观经济形势、行业趋势、财务报表及舆情观察，还有 Trade Ideas、SignalStack、Tickeron 等用于优化交易策略或构建自动化交易系统平台的介绍。同时，书中揭秘了主力资金动向的判断方法，如通过成交量变化、北向南向资金流动等方式，助力投资者更好地把握市场节奏。

　　本书适合所有层次的股票投资者，特别是那些想要借助 AI 的力量改善自己投资状况的人群。无论是刚开始接触股市的新手，还是具有一定经验但希望进一步提升技能的老股民，都可以从本书中受益。此外，对于对量化交易感兴趣的技术爱好者来说，书中关于自编代码创建个性化交易策略的内容也非常有价值。

编　者

2025 年 3 月

Contents | 目录

第 4 章   盘面洞察：AI 捕捉市场行情

第 5 章   精准交易：智能驱动投资决策

第 6 章   智慧投资：巧用问财低买高卖

第 7 章　技艺精进：AI 让老股民攀登高峰

第 8 章　资金透视：AI 监控资本流动

第 1 章

DeepSeek 时代：
炒股艺术革新

随着科技快速发展，以 DeepSeek 为代表的 AI 已经逐渐渗透到我们生活的方方面面，而股市作为金融市场的重要组成部分，也正在经历由 AI 技术带来的深刻变革，势必对广大普通投资者产生巨大的影响。在这个新时代背景下，投资者需要紧跟潮流，不仅要选择合适的投资软件，更要学会利用 AI 工具来提升自己的投资能力。

1.1　AI 对普通投资者的影响

在传统投资环境下，普通投资者往往面临着信息不对称、决策困难及风险管理不足等挑战。然而，随着 AI 技术的发展，这些问题正逐渐得到缓解。AI 以其卓越的数据处理与分析能力，为普通投资者提供了更为便捷、精准及智能化的投资辅助工具。

1．信息获取更便捷

AI 技术为普通投资者提供了更加便捷的信息获取渠道。投资者可以通过 AI 驱动的金融数据平台，轻松获取全面、准确的市场信息，包括股票价格、交易量、公司财报、行业动态等。这不仅提高了投资者的信息获取效率，还降低了信息获取的成本。

2．决策辅助更智能

AI 算法可以根据投资者的风险偏好、投资目标等因素，为其量身定制投资策略，并提供实时的投资建议。这种个性化的投资建议有助于投资者更好地把握市场机会，避免盲目跟风、冲动交易等不理性行为。

3．风险管理更精准

AI 技术通过大数据分析和机器学习技术，在风险管理方面为普通投资者提供了有力支持。它可以实时监测市场动态，预测潜在风险，并能及时提醒投资者采取相应的应对措施，从而促进了投资活动的安全性和稳定性。

4．投资效率与自动化提升

AI 技术提高了普通投资者的投资效率和自动化程度。智能投顾服务可以实现自动化交易和资产管理，投资者无须手动操作即可完成买卖股票、调整投资组合等操作。这既节省了投资者的时间和精力，也提高了投资活动的效率和准确性。

1.2 选择合适的投资软件很重要

在当今数字化迅速发展的时代，投资软件作为投资者获取市场信息、分析投资机会和执行交易的重要工具，其重要性不言而喻。市面上有众多的投资软件，这些工具各具特色，功能各异，为投资者提供了更多的选择和便利。选择合适的投资工具，对于提高投资效率、优化投资组合、降低投资风险等方面都具有重要意义。

表 1-1 列出了几个比较受欢迎的投资软件，并对其主要功能、优缺点进行了对比分析。

表1-1　不同投资软件对比

软件名	主要功能	优点	缺点
同花顺	A股、港股、美股等股票交易；基金、期货、期权等金融产品交易；提供行情数据、财经资讯、社区交流	丰富的行情数据；活跃的投资者社区；AI预警系统监控市场趋势和个股表现；问财选股根据需求筛选股票、分析市场趋势	对新手来说可能较为复杂；部分高级功能需付费使用
雪球	股票讨论社区；实时股市行情；个人投资组合跟踪；模拟炒股	强调社交属性，易于获取他人观点；提供多样的投资产品资讯服务，AI解读轻松梳理股市复杂信息	信息量庞大，初学者可能难以筛选出有价值的信息；信息质量参差不齐

软件名	主要功能	优点	缺点
通达信	A 股市场深度行情分析；技术指标分析；选股系统；支持自定义公式	提供强大的技术分析工具；支持高度定制化的技术指标设置；AI 挖掘机，快速捕捉短线套利机会；AI 优选多维度智能分析股票	更专注于技术面分析，基本面资料较少；学习曲线较陡峭
富途牛牛	港股、美股为主，也支持 A 股；提供全球市场资讯；具备证券交易功能	界面友好，操作简便；提供深入的市场数据分析报告；AI 选股通过大数据分析，为用户推荐更有潜力的股票	在中国大陆市场的覆盖率相对较低；国际网络访问时可能出现限制
东方财富	行情查看；财经新闻；研究报告；互动社区	内容丰富，涵盖国内外财经新闻；提供详细的研究报告，智能选股、智能盯盘等多项 AI 功能帮助用户高效获取和处理金融信息	广告较多，可能影响用户体验；实时性相比交易平台可能稍逊一筹
蚂蚁财富	基金理财；定期理财；保险产品；余额宝等低风险理财产品	依托支付宝平台，使用便捷；提供多样化的理财产品选择，智能理财助理蚂小财让理财变得更加便捷和高效	更偏向于低风险投资，不适合追求高收益的投资者；客服响应速度有时较慢

上述这些软件各有特色，投资者可以根据自己的投资风格、需求和偏好进行选择。例如，如果偏好价值投资并希望与其他投资者交流经验，雪球可能是一个不错的选择；如果需要进行多市场交易并寻求实时的股票资讯，富途牛牛可能更适合；而如果希望获得全面的行情数据和个性化的投资组合管理，通达信、同花顺或东方财富则可能更为合适。

需要注意的是，以上信息仅供参考，投资者在选择投资软件或平台时，应充分考虑自己的投资目标、风险承受能力和技术水平。同时，也要关注软件的安全性、稳定性和用户口碑等多方面的信息。

1.3 AI 功能让投资者更轻松

在投资领域，AI 技术的广泛应用不仅提高了投资效率，还极大地减轻了投资者的负担。一系列的智能化功能正在逐步改变投资行业的面貌，让投资者能够更加轻松地进行投资决策和管理。

1．智能分析与预测

在当今复杂多变的金融市场中，AI 技术凭借其强大的数据处理和分析能力，不仅能深入挖掘数据中的潜在价值，还能帮助投资者更好地了解市场动态，为他们制定投资策略、规避风险提供有力支持。

· **股票走势预测**：利用机器学习算法分析历史数据，识别市场趋势和模式，预测股票未来的价格走势。

· **市场情绪分析**：通过自然语言处理和情感分析技术，监控社交媒体、财经新闻等渠道的信息，评估市场情绪对股票价格的影响。

例如，投资者可以让 DeepSeek 分析某只股票在未来某个时间段内的股价走势，并基于此提供投资建议，演示对话如图 1-1 所示。

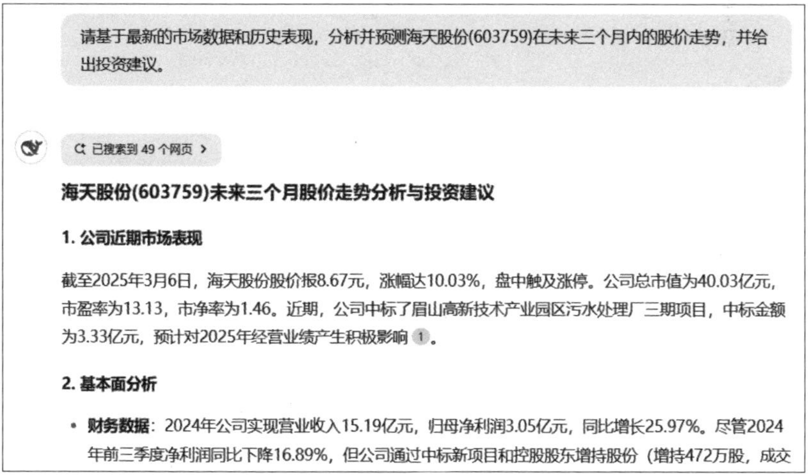

> 请基于最新的市场数据和历史表现，分析并预测海天股份(603759)在未来三个月内的股价走势，并给出投资建议。

> Ⓒ 已搜索到 49 个网页 ＞
>
> **海天股份(603759)未来三个月股价走势分析与投资建议**
>
> **1. 公司近期市场表现**
>
> 截至2025年3月6日，海天股份股价报8.67元，涨幅达10.03%，盘中触及涨停。公司总市值为40.03亿元，市盈率为13.13，市净率为1.46。近期，公司中标了眉山高新技术产业园区污水处理厂三期项目，中标金额为3.33亿元，预计对2025年经营业绩产生积极影响 ⓘ。
>
> **2. 基本面分析**
>
> · **财务数据**：2024年公司实现营业收入15.19亿元，归母净利润3.05亿元，同比增长25.97%。尽管2024年前三季度净利润同比下降16.89%，但公司通过中标新项目和控股股东增持股份（增持472万股，成交

图 1-1

2．高效看盘与交易

在快节奏的金融市场中，高效看盘与交易对于投资者来说至关重要。AI技术通过先进的图像识别与分析功能，以及智能化的交易策略，极大地增强了投资者的决策能力和交易效率。

·**精准解读图片**：通过运用AI图像识别技术，能够深入解读K线图、分时图等复杂图表中的关键信息，如价格趋势、支撑位与阻力位、成交量变化等，从而帮助投资者快速了解股票动态。

·**智能交易策略**：根据预设的交易规则和条件，自动执行买卖操作，减少人为干预，提高交易效率和准确性。

例如，当投资者想要进行短期交易时，可以上传不同股票的分时图给识图能力较强的AI，比如通义千问。使用图片识别功能对分时图上的信息进行分析和解读，可以帮助投资者了解这些股票当天的实时交易情况，演示对话如图1-2所示。

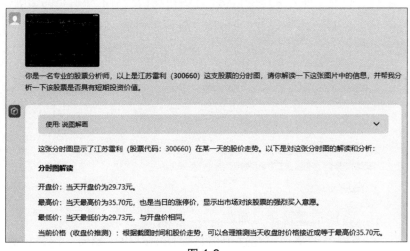

图 1-2

3．把控资金流向与资产配置

资金流向是市场走势的重要风向标，而资产配置则是投资者实现财富增值的关键。使用 AI 功能分析资金流向、配置资产，能够为投资者提供更加精准的投资策略。

· **资金流向分析**：通过分析大单交易、资金流向等数据，揭示资金在不同板块、个股之间的流动情况，帮助投资者把握资金流向趋势。

· **智能资产配置**：根据投资者的风险偏好、投资目标和市场情况，自动调整投资组合的资产配置比例，实现资产的优化配置。

例如，当我们最近特别关注某个特定板块时，可以让 DeepSeek 对该板块最近的资金流向数据进行分析，演示对话如图 1-3 所示。

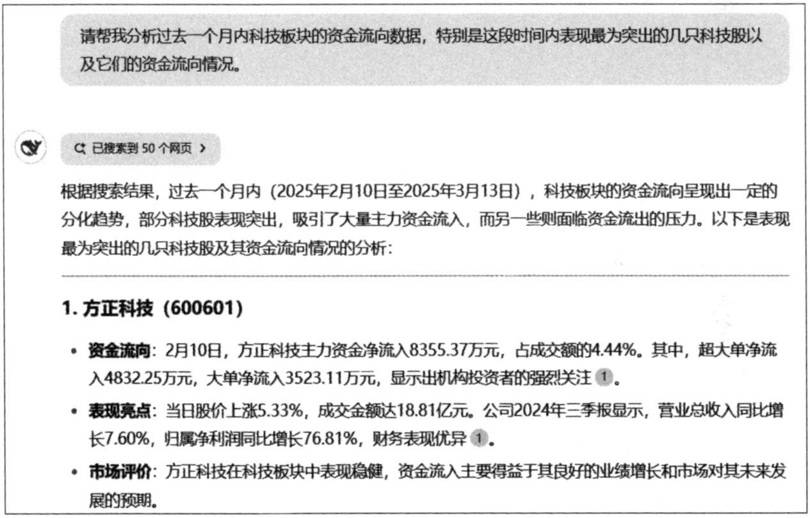

请帮我分析过去一个月内科技板块的资金流向数据，特别是这段时间内表现最为突出的几只科技股以及它们的资金流向情况。

已搜索到 50 个网页 >

根据搜索结果，过去一个月内（2025年2月10日至2025年3月13日），科技板块的资金流向呈现出一定的分化趋势，部分科技股表现突出，吸引了大量主力资金流入，而另一些则面临资金流出的压力。以下是表现最为突出的几只科技股及其资金流向情况的分析：

1. 方正科技（600601）

- **资金流向**：2月10日，方正科技主力资金净流入8355.37万元，占成交额的4.44%。其中，超大单净流入4832.25万元，大单净流入3523.11万元，显示出机构投资者的强烈关注 1。
- **表现亮点**：当日股价上涨5.33%，成交金额达18.81亿元。公司2024年三季报显示，营业总收入同比增长7.60%，归属净利润同比增长76.81%，财务表现优异 1。
- **市场评价**：方正科技在科技板块中表现稳健，资金流入主要得益于其良好的业绩增长和市场对其未来发展的预期。

图 1-3

4．智能信息整合与筛选

对于投资者来说，在这个信息爆炸的时代，如何从海量信息中筛选出有价值的内容是一个巨大的挑战。如今，使用 AI 功能筛选财经新闻、获取数据分析报告已成为一种更加便捷地获取信息的方式。

· **财经新闻筛选**：自动筛选和整理与投资者关注的股票、行业相关的财经新闻和公告，帮助投资者快速获取有价值的信息。

· **数据分析报告**：生成详细的数据分析报告，包括股票的基本面分析、技术分析、行业分析等，为投资者的决策提供有力支持。

例如，当投资者考虑投资某个特定板块时，可以利用 DeepSeek 筛选并整理出与之相关的最新行业新闻、公司公告等，演示对话如图 1-4 所示。

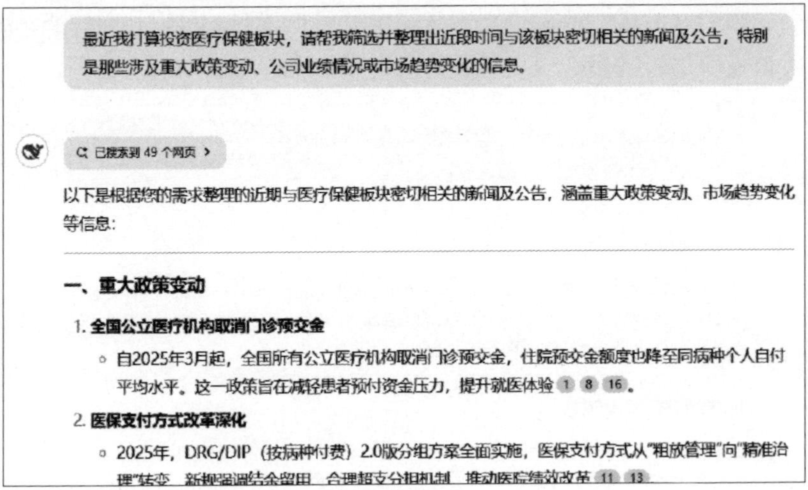

图 1-4

5．个性化投资建议

每个投资者的投资偏好和财务状况都不同，因此个性化投资建议就显得尤为重要。AI 技术通过深度学习和分析投资者的行为及偏好，能够依据风险承受能力、投资目标、财务状况等因素，为投资者提供符合个性化需求的投资建议和资产配置方案。

例如，投资者可以向 AI 提供个人的收入状况、投资目标（如长期增值、短期收益或退休储备等）、风险承受能力（如保守型、平衡型或激进型）、投资金额、投资经验等，让 DeepSeek 根据这些信息为投资者量身定制一份个性化的投资方案，演示对话如图 1-5 所示。

我想要在A股市场中进行投资，请帮我制定一份详细的投资方案，我的信息如下
月收入：1.5万元人民币
投资目标：未来5年内实现资产增值，为退休储备资金
风险承受能力：平衡型
投资金额：20万元人民币
投资经验：有一些，但不算非常丰富

已深度思考（用时 38 秒）

好的，用户现在想在A股市场投资，制定一个详细的投资方案。他提供的月收入是1.5万，投资目标是未来5年内资产增值，为退休储备资金，风险承受能力是平衡型，投资金额20万，经验有一些但不丰富。我需要先理清这些信息，然后一步步分析。

首先，用户的投资期限是5年，属于中期投资。目标是为退休储备资金，说明需要稳健增长，但可能不需要特别高的风险。风险承受能力是平衡型，说明他愿意承担一定风险，但不想过于激进。投资金额20万，月收入1.5万，可能还有其他的资金用于生活开支，所以这20万应该是闲置资金。

接下来，我需要考虑资产配置。平衡型通常意味着股债平衡，但用户明确说要在A股市场投资，可能更倾向于股票，但根据风险承受能力，可能需要混合一些稳健的品种。不过A股市场可能不包括债券，可能需要用其他低风险产品替代，比如

一、投资基础分析

1. 财务评估
- 可用资金：20万元（建议预留3-6个月紧急备用金后再投资，假设已预留）
- 月结余：1.5万元收入扣除生活开支后，可部分用于定投（需自行核算实际可投资金额）

2. 风险适配
- 平衡型偏好：接受适度波动，追求年化8%-12%的回报，最大回撤控制在15%以内。

3. 时间框架
- 5年中期投资，适合兼顾成长与价值策略。

二、资产配置方案

采用**"核心+卫星"策略**，以稳健资产为根基，搭配行业机会增厚收益：

类别	配置比例	标的类型	功能
核心资产	60%（12万）	宽基指数基金、红利低波策略	获取市场平均收益，降低波动
卫星资产	30%（6万）	行业主题基金、优质主动管理基金	捕捉超额收益机会
防御资产	10%（2万）	货币基金/短债基金	流动性储备，应对市场回调补仓

图 1-5

1.4 好用的 AI 工具

以 DeepSeek 为代表的 AI 工具的快速发展为投资者带来了全新的决策支持。不同的 AI 模型适用于不同的应用场景。本节就来综合比较 DeepSeek、通义千问、文心一言、豆包等 AI 工具的优劣势及适用场景。

1. DeepSeek

DeepSeek 擅长复杂逻辑分析，如财务数据拆解、政策影响推演等，提供详细的思维链和验证过程，适合需要严谨分析的长线投资者，其开源策略吸引开发者参与生态共建，模型迭代快；训练成本仅为同类模型的 1/10，推测未来商业化定价可能更具竞争力；已接入微信搜索和每日经济新闻 App，可结合实时新闻与用户聊天记录提供个性化投资建议。DeepSeek 的网页版不提供图片识别功能（App 版可以），对其他模态的分析功能偏弱，且用户数量骤增，会偶尔出现服务器拥挤无法响应的情况，也未提供便捷的智能体。

2. 通义千问

通义千问基于阿里生态数据，擅长电商行业趋势预测、供应链分析及消费行为洞察，适合关注零售、物流领域的投资者。通义千问支持图片识别与分析、PPT 制作等功能；多模态支持较好，可辅助制作投资报告或可视化数据；与苹果合作接入国行 iPhone 智能服务，可能获取跨平台数据优势。通义千问在非电商领域（如医疗、能源）的分析深度较弱。

3. 文心一言

文心一言适合解析财报、政策文件等长文本，提炼关键信息效率高，支持多语种，对关注海外投资的用户很友好。在文心智能平台中，除了能够调用文心一言，还可以限额调用 DeepSeek 的多个模型。文心一言受 DeepSeek 冲击，付费用户流失，可能导致后续研发投入受限，而且其自有模型在复杂数学建模或跨领域逻辑分析上弱于 DeepSeek。

4. 豆包

豆包基于抖音、头条数据，擅长捕捉社交媒体热点和消费趋势，适合短线交易或事件驱动型策略。拟人化设计提升使用黏性，适合新手投资者快速获取信息，月活超 7800 万，反映其市场接受度高，数据反馈迭代快。但是豆包的深度分析能力不足，缺乏复杂推理功能，对需要长期价值分析的场景支持有限。

本书在使用 AI 工具讲解具体案例时，巧借 DeepSeek 与通义千问为引玉之砖，核心在于传授如何利用 AI 技术进行投资分析。本书旨在以新视角，引领读者掌握智能投资新方法，开启投资分析的新篇章。

第 2 章

成长加速：
AI 助力新股民

随着现代社会的发展，股票流通市场的交易也变得更便捷，一台电脑、一部手机就能轻松完成股票的交易，而新股民面对海量的股市信息时，如何才能快速获取行业信息，精准了解股票走势？本章针对这些困扰，展示了通过与 AI 工具对话获取即时建议、编写有效提示词提高查询效率、利用 AI 工具快速解读图表，以及借助 AI 工具分析企业资料和实时查询企业信息的便捷方法。本章旨在简化投资学习过程，助力新股民迅速理解市场，做出更明智的投资决策，稳步成长为市场的熟练参与者。

2.1　与 DeepSeek 的对话

第 1 章已经介绍了一些好用的 AI 工具。对话式 AI 工具虽各具特色，但它们的操作方法基本上是一致的。本节将以 DeepSeek 为例，详细讲解与其进行对话的基础操作。

步骤01　在网页浏览器中打开网址 https://www.deepseek.com/，单击页面中的"开始对话"按钮，如图 2-1 所示。

图 2-1

步骤02　初次使用 DeepSeek 需要先注册。❶输入作为账号的手机号码，❷单击"发送验证码"按钮，如图 2-2 所示。❸在弹出的窗口中根据提示单击图中对应的内容，如图 2-3 所示。

图 2-2

图 2-3

步骤03 随后 DeepSeek 会向步骤 02 中输入的手机号码发送一条包含验证码的短信，❶输入短信中获取的 6 位数验证码，❷勾选下方的"我已阅读并同意用户协议与隐私政策，未注册的手机号将自动注册"复选框，❸然后单击"登录"按钮，如图 2-4 所示，即可完成注册。

图 2-4

提 示

除了用手机号码进行注册登录外，DeepSeek 还可以直接使用微信账号或邮箱进行注册登录。

步骤04 ❶在提示词输入框中输入要让 DeepSeek 回答的问题，❷再单击右侧的 ⬆ 按钮或按〈Enter〉键提交问题，如图 2-5 所示。

我是 DeepSeek，很高兴见到你！

我可以帮你写代码、读文件、写作各种创意内容，请把你的任务交给我吧~

近期机器人概念股出现分化，后续应该如何关注？ ❶

⊗ 深度思考 (R1) ⊕ 联网搜索   📎 ⬆❷

图 2-5

步骤05 稍等片刻，页面中将以"一问一答"的形式依次显示用户输入的问题和 DeepSeek 给出的回答，如图 2-6 所示。

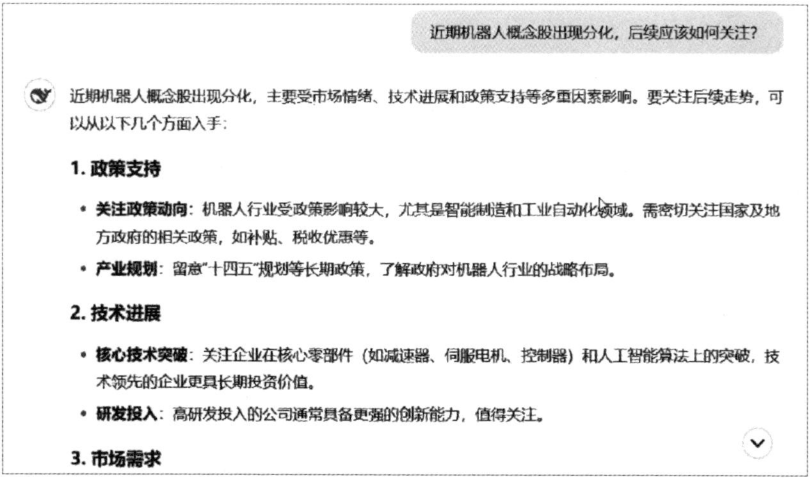

近期机器人概念股出现分化，后续应该如何关注？

近期机器人概念股出现分化，主要受市场情绪、技术进展和政策支持等多重因素影响。要关注后续走势，可以从以下几个方面入手：

1. 政策支持

- **关注政策动向**：机器人行业受政策影响较大，尤其是智能制造和工业自动化领域。需密切关注国家及地方政府的相关政策，如补贴、税收优惠等。
- **产业规划**：留意"十四五"规划等长期政策，了解政府对机器人行业的战略布局。

2. 技术进展

- **核心技术突破**：关注企业在核心零部件（如减速器、伺服电机、控制器）和人工智能算法上的突破，技术领先的企业更具长期投资价值。
- **研发投入**：高研发投入的公司通常具备更强的创新能力，值得关注。

3. 市场需求

图 2-6

> **提 示**
>
> 　如果需要调用 DeepSeek 的"深度思考"或是"联网搜索"功能，则需要在单击⬆按钮前，选中相应的按钮，再提交提问。

2.2　与通义千问的对话

　　与通义千问进行对话的操作，和 DeepSeek 的操作基本一致：

使用手机号码注册并登录，再在提示词输入框中输入提问内容。在对话中，既可以直接让 AI 重新生成回答，也可以编辑原有提问内容或直接追加提问，获得更具体、更准确的回答。具体操作如下。

步骤01 打开网页浏览器，在地址栏中输入 https://tongyi.aliyun.com/qianwen/，进入通义千问的官网页面，❶单击页面左下角的"立即登录"按钮，如图 2-7 所示，❷在弹出的对话框中勾选"我已阅读并同意用户协议、隐私政策"复选框，❸输入手机号和验证码，❹然后单击"登录"按钮，如图 2-8 所示。

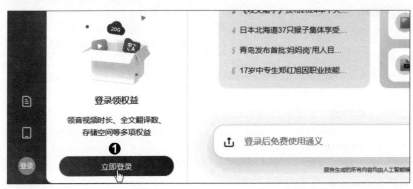

图 2-7

图 2-8

步骤02 登录成功后，即可与通义千问进行对话。❶在界面底部的提示词输入框中输入要让通义千问回答的问题，❷再单击"发送"按钮或按〈Enter〉键提交问题，如图2-9所示。

图 2-9

步骤03 稍等片刻，界面中将会以"一问一答"的形式显示用户输入的问题和通义千问给出的回答，如图2-10所示。

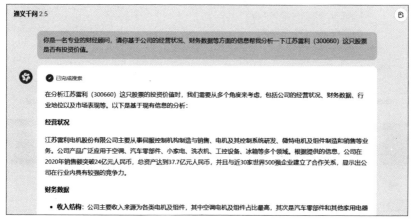

图 2-10

步骤04 如果对回答结果不太满意，可以单击输出区域下方的"重新生成"按钮，如图 2-11 所示，让通义千问重新生成回答。

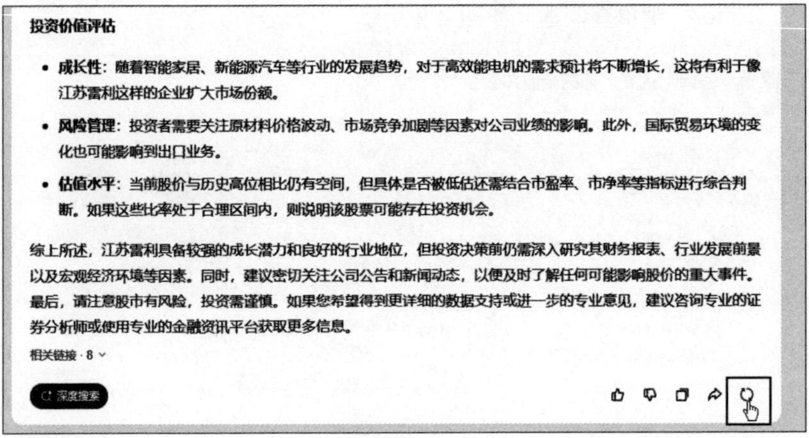

投资价值评估

- **成长性**：随着智能家居、新能源汽车等行业的发展趋势，对于高效能电机的需求预计将不断增长，这将有利于像江苏雷利这样的企业扩大市场份额。
- **风险管理**：投资者需要关注原材料价格波动、市场竞争加剧等因素对公司业绩的影响。此外，国际贸易环境的变化也可能影响到出口业务。
- **估值水平**：当前股价与历史高位相比仍有空间，但具体是否低估还需结合市盈率、市净率等指标进行综合判断。如果这些比率处于合理区间内，则说明该股票可能存在投资机会。

综上所述，江苏雷利具备较强的成长潜力和良好的行业地位，但投资决策前仍需深入研究其财务报表、行业发展前景以及宏观经济环境等因素。同时，建议密切关注公司公告和新闻动态，以便及时了解任何可能影响股价的重大事件。最后，请注意股市有风险，投资需谨慎。如果您希望得到更详细的数据支持或进一步的专业意见，建议咨询专业的证券分析师或使用专业的金融资讯平台获取更多信息。

相关链接 · 8 ˅

深度搜索

图 2-11

步骤05 重新生成回答后，输出区域下方会显示一组按钮，单击左右两侧的箭头按钮可以切换浏览不同的回答内容，如图 2-12 所示。

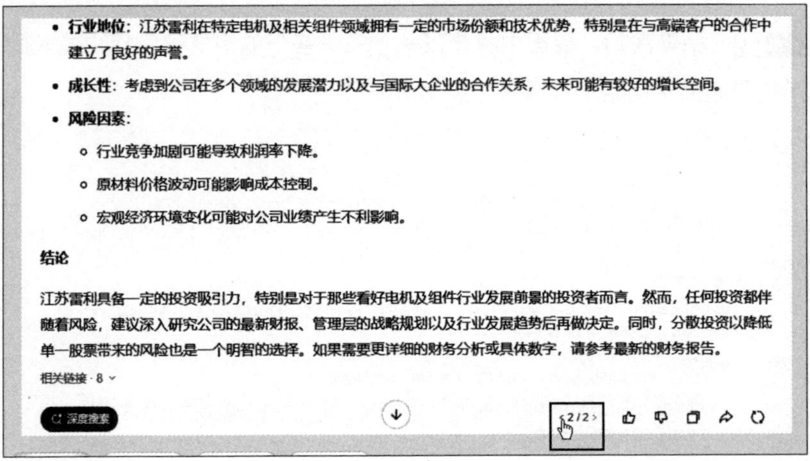

- **行业地位**：江苏雷利在特定电机及相关组件领域拥有一定的市场份额和技术优势，特别是在与高端客户的合作中建立了良好的声誉。
- **成长性**：考虑到公司在多个领域的发展潜力以及与国际大企业的合作关系，未来可能有较好的增长空间。
- **风险因素**：
  - 行业竞争加剧可能导致利润率下降。
  - 原材料价格波动可能影响成本控制。
  - 宏观经济环境变化可能对公司业绩产生不利影响。

结论

江苏雷利具备一定的投资吸引力，特别是对于那些看好电机及组件行业发展前景的投资者而言。然而，任何投资都伴随着风险，建议深入研究公司的最新财报、管理层的战略规划以及行业发展趋势后再做决定。同时，分散投资以降低单一股票带来的风险也是一个明智的选择。如果需要更详细的财务分析或具体数字，请参考最新的财务报告。

相关链接 · 8 ˅

深度搜索   2/2

图 2-12

步骤06 如果发现描述有误或不够准确时，还可以采用修改问题的方式让通义千问重新回答。将鼠标指针移至已发送的问题上，单击右侧显示的"重新编辑"按钮，如图 2-13 所示。

图 2-13

步骤07 进入编辑状态，❶修改提示词内容，❷然后单击"发送"按钮重新提交问题，如图 2-14 所示。

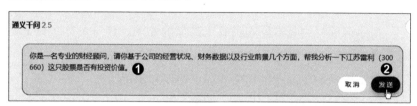

图 2-14

步骤08 稍等片刻，通义千问将会根据修改后的问题重新生成回答，如图 2-15 所示。

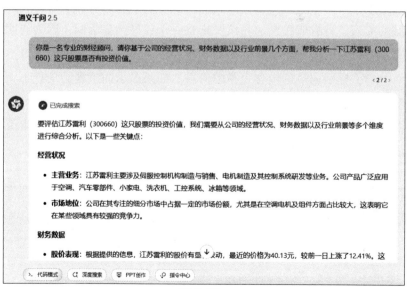

图 2-15

2.3 编写提示词的原则与技巧

与 AI 对话时，用户提交的问题实际上有一个专门的名称——提示词（prompt）。它是人工智能和自然语言处理领域中的一个重要概念。提示词的设计可以影响机器学习模型处理和组织信息的方式，从而影响模型的输出。清晰和准确的提示词可以帮助模型生成更准确、更可靠的输出。

1．编写提示词的原则

提示词编写的基本原则没有太高深的要求，其与人类之间交流时要遵循的基本原则是一致的，主要有以下 3 个方面。

（1）提示词应没有错别字、标点错误和语法错误。

（2）提示词要简洁、易懂、明确，尽量不使用模棱两可或容易产生歧义的表述。例如，"请分析这只股票的投资价值，给出一些意见"是一个不好的提示词，因为其对分析的要求不够具体；"请根据过去五年的财务数据和市场表现，分析该股票的投资价值，并提供买入、持有或卖出的建议"则是一个较好的提示词，因为它明确了分析的依据和需要提供的具体建议。

（3）提示词最好包含完整的信息。如果提示词包含的信息不完整，就会导致需要用多轮对话去补充信息或纠正 AI 的回答方向。提示词要包含的内容并没有特定的规则，一般而言可由 4 个要素组成，具体见表 2-1。

表2-1 提示词组成要素

名称	是否必选	含义	示例
指令	是	希望 AI 执行的具体任务	请分析以下投资策略的优缺点
背景信息	否	任务的背景信息	用户是一位新手投资者

名称	是否必选	含义	示例
输入数据	否	需要 AI 处理的数据	（原数据的具体内容，从略）
输出要求	否	对 AI 输出内容的具体要求，如字数、输出格式等	报告简洁明了，不超过800 字

2. 提示词的编写技巧

在编写提示词时，除了要遵循上述基本原则，还可以使用一些技巧来优化提示词。

（1）用特殊符号分隔指令和输入数据。在翻译、总结要点、提取信息等应用场景中，提示词必然会包含指令和待处理的文本（即输入数据）。为便于 AI 工具进行区分，可以使用"###"或""""""将待处理的文本括起来。演示对话如下。

👤 请从以下文本中提取 3 个关键词：

文本：""""""

2024年起，国际原油价格宽幅震荡，航空煤油价格波动下跌，航空运输企业盈利空间有所释放；美元兑人民币汇率下半年波动较为剧烈，航空运输企业或将面临汇兑损失。考虑到未来汇率走势仍取决于宏观经济走势、货币政策调整、国际环境等多方面因素，航空公司仍面临汇率波动风险。

""""""

🅰️ 关键词：

1. 国际原油价格

2. 汇率波动

3. 航空运输企业

（2）提供示例。有时一些需求难以用简洁的文字准确地表达出来，可以通过提供示例来帮助 AI 更好地理解需求。演示对话如下。

> 🔲 请根据以下规则，从股票代码中提取出所属交易所并输出其
> 全称。
> 规则：
> 在国内 A 股市场中，股票代码的前三位数字决定了其所属的
> 交易所。
> 股票代码以"600""601"或"603"开头的，通常属于上海
> 证券交易所（SSE）；
> 股票代码以"000"开头的，通常属于深圳证券交易所
> （SZSE）。
> 例如：
> 600519→上海证券交易所（SSE）
> 股票代码："""
> 601318
> 000001
> """
> 🔲 输出结果：
> 601318→上海证券交易所（SSE）
> 000001→深圳证券交易所（SZSE）

（3）设定角色身份。为了让 AI 以我们期望的方式工作，可以在提示词中为 AI 设定一个角色身份。通常会在提示词的开头进行这种设定。演示对话如下。

> 🔲 你是一名专业的投资理财顾问，请帮我分析一下当前科技板块的
> 投资环境，并推荐几只在该领域内具有长期增长潜力的科技股。

AI 当前科技板块的投资环境呈现出复杂但充满机遇的特点。回顾 2024 年上半年，TMT（科技、媒体和通信）行业经历了波动，其中一些细分领域如通信表现较为稳定，而电子、传媒和计算机则面临挑战。然而，从长期来看，AI（人工智能）、5G 商用、云计算、大数据、信创（信息技术应用创新产业），以及数字化转型等主题依然是推动科技板块增长的重要力量。对于科技股的选择，考虑到市场对高景气度和绩优龙头的偏好，以下是一些建议：

1. 立讯精密（002475）：作为"苹果产业链"的龙头企业之一，立讯精密在消费电子领域占据重要位置，并且随着苹果公司加大对其 AI 产品的投入，相关供应链企业有望受益于这一趋势。

2. 中际旭创（300308）：全球光模块市场的领导者，在数据中心建设和 5G 网络部署加速背景下，其产品需求预计将持续增长。

3. 工业富联（601138）：为英伟达提供 AI 服务器代工服务，随着 AI 训练推理侧大模型需求的增长，工业富联可能会获得更多的订单机会。

4. 紫光股份（000938）：一家专注于 ICT 基础设施和服务的企业，包括网络设备、安全解决方案等，在数字经济快速发展的环境下具有较大的发展空间。

5. 新易盛（300502）：虽然是一家较新的光模块制造商，但它已经在市场上崭露头角，特别是在高端产品方面有着不错的表现，值得长期关注。

6. 兆易创新（603986）：中国领先的存储芯片设计公司之一，面对国产替代加速和技术升级的需求，兆易创新的产品线不断扩展，未来潜力巨大。

7. 沪电股份（002463）：PCB行业的领军者，随着5G基站建设及智能汽车的发展，对于高性能PCB的需求增加，将有利于该公司业绩提升。

请注意，上述股票仅作为示例，并非具体的投资建议。投资科技股时应考虑个人的风险承受能力、投资目标以及时间框架等因素。同时也要密切跟踪行业发展动态和技术变革方向，因为这些都会影响到公司的实际运营状况和市场表现。此外，分散投资可以有效降低风险，确保资产配置更加稳健。如果您打算进行具体的投资决策，请咨询专业的财经顾问或进一步研究相关公司的基本面信息。

2.4 AI截图识股

作为新股民，在炒股软件上打开一只股票，可能会看不懂图上的各种信息，此时就可以借助 AI 工具，上传截图并提出问题，AI 工具会对图片上的信息进行解读，并给出相应的回答。这里以在东方财富平台上获取的某只股票日 K 线图（见图 2-16）为例，介绍具体的操作步骤。

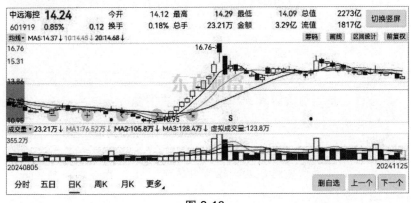

图 2-16

打开通义千问，单击提示词输入框左侧 ⬆ 按钮，在弹出的列表中单击"上传图片"命令，❶将图 2-16 上传至通义千问，❷在提示词输入框中输入下列文字："请您作为一名股票分析师，解读一下上传的这只股票的信息。"如图 2-17 所示。

⬆ 请您作为一名股票分析师，解读一下上传的这只股票的信息。❷

图 2-17

通义千问给出的回复如下。

AI 好的，让我们来一起分析这张中远海控的日 K 线图。

首先，我们来看一些基本信息：

· 中远海控当前股价为14.24元，今日开盘价为14.12元，最高达到14.29元，最低为14.09元。

· 目前总市值为2273亿，流通市值为1817亿。

· 成交量为23.21万手，成交金额为3.29亿。

· 换手率为0.18%。

接下来，我们看下K线图本身：

· 图表显示的是过去几个月的股价走势。可以看到，在这段时间里，股价经历了较大的波动，先是经历了一波明显的上升，然后又有所回落。

· 绿色柱状图为成交量，红色柱状图为卖盘量，绿色柱状图为买盘量。我们可以看到，在股价上涨期间，成交量明显放大，表明市场活跃度较高；而在股价回调阶段，成交量相对较小，市场较为平静。

· MA5（5日均线）、MA10（10日均线）和MA20（20日均

线）三条均线呈向上排列状态，表明短期内股价处于上升趋势中。不过需要注意的是，近期股价已经接近甚至超过了这三条均线，可能预示着短期内存在调整压力。

·BOLL带（布林带）显示，股价目前位于中轨附近，上方仍有空间，但也应注意上方的压力区域。

综合上述信息，我们可以得出以下几点结论：

1．近期中远海控的股价整体呈现震荡上行态势，但短期内可能存在调整需求；

2．成交量方面，虽然总体上较前期有所增加，但仍需关注后续能否维持高位水平；

3．技术指标显示，短期内股价仍有一定的上涨潜力，但同时也应警惕可能出现的技术性回调。

总之，在操作上，建议投资者密切关注市场动态及公司基本面情况，结合自身风险承受能力做出相应决策。同时也要注意设置好止损止盈点位，以便及时应对市场变化带来的不确定性因素。

利用AI工具，新股民不仅能够获得专业的解析，还能够更直观地理解复杂的数据和图形，从而加深对股票市场运作的理解。每次的专业分析都是一次宝贵的学习机会，新股民可以在与AI工具的互动中快速了解各种技术和策略，逐渐形成属于自己的一套投资方法论。

2.5 用AI分析解读企业资料

面对海量的数据和信息流，新股民往往感到无从下手。此时，我们就可以利用AI工具来高效地筛选和分析繁杂的资料，精准提取关键信息，帮助识别潜在的投资机会或预警风险。这里以从上海证券交易所官网获取的某企业财务报告为例（见图 2-18），讲解如何利用 AI 工具分析和解读企业资料。

一、2023 年度公司财务报表及其审计情况

1、财务报告的范围和执行的会计制度

公司财务报告包括甘肃国芳工贸（集团）股份有限公司（母公司）的报表，全资子公司兰州国芳百货购物广场有限责任公司、甘肃国芳综合超市有限公司、宁夏国芳百货购物广场有限公司、张掖市国芳百货购物广场有限责任公司，控股子公司兰州国芳商业投资管理有限公司的报表以及母公司对子公司进行合并的会计报表。公司执行《企业会计准则》和《企业会计制度》的有关规定。

纳入合并范围的子公司基本情况

企业全称	业务性质	注册资本（万元）	投资额（万元）	所占权益比例
兰州国芳百货购物广场有限责任公司	百货零售业	6000	6000	100%
甘肃国芳综合超市有限公司	百货零售业	1000	1000	100%
张掖市国芳百货购物广场有限责任公司	百货零售业	500	500	100%
宁夏国芳百货购物广场有限公司	百货零售业	5000	5000	100%
兰州商业投资管理有限公司	商业投资	2000	1000	50%

2、财务报表的审计情况

公司 2023 年度的财务报表已经中喜师事务所（特殊普通合伙）审计，出具了中喜财审 2024S00564 号标准无保留意见的审计报告。

图 2-18

步骤 01　打开 DeepSeek，单击提示词输入框右侧的"上传"按钮，在弹出的菜单中单击"上传文档"命令，❶ 将文档上传至 DeepSeek，❷ 然后在提示词输入框中输入下列文字："我从上海证券交易所官网获取了一份企业《2023 年度财务决算报告及 2024 年财务预算报告》，我希望你能帮我详细解读一下这份报告。"如图 2-19 所示。

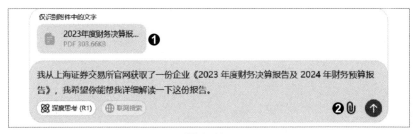

图 2-19

DeepSeek 给出的回复如下。

[AI] 这份报告是甘肃国芳工贸（集团）股份有限公司（以下简称"公司"）的 2023 年度财务决算报告及 2024 年财务预算报告。以下是对报告的详细解读：

一、2023年度财务决算报告

1. 财务报表及其审计情况

· 财务报告范围：包括母公司及全资子公司和控股子公司的财务报表。

· 会计制度：公司执行《企业会计准则》和《企业会计制度》。

· 审计情况：2023年度财务报表经中喜会计师事务所审计，出具了标准无保留意见的审计报告。

2. 财务状况和经营情况

· 资产情况：2023年末公司资产总额为274,458.17万元，比年初增加22,200.10万元，增幅8.8%。流动资产增加显著，增幅39.81%。

· 负债情况：2023年末公司负债总额为110,011.01万元，比年初增加12,441.85万元，增幅12.75%。流动负债增加较多，增幅29.38%。

· 所有者权益：2023年末归属于母公司股东的所有者权益为164,447.17万元。

· 现金流量：现金及现金等价物净增加额39,816.91万元，主要来自经营活动现金流量净额45,140.19万元。

3. 经营业绩

· 营业收入：2023年营业收入96,962.74万元，同比增长28.58%。

· 利润：利润总额21,534.96万元，同比增长39.60%；净利润15,775.86万元，同比增长32.88%。

主要财务指标：

- 净资产收益率10.1%，每股收益0.24元。
- 销售毛利率48.31%，销售净利率16.27%。
- 流动比率151.01%，速动比率129.50%，资产负债率39.41%。

4. 投资情况（略）

5. 筹资情况（略）

6. 股东权益结构（略）

7. 各子公司财务状况和经营情况（略）

二、2024年财务预算报告

1. 主要预算指标

- 营业收入：预计2024年实现营业收入90,000万元，同比下降7.18%。
- 净利润：预计归属于母公司所有者的净利润10,000万元，同比下降36.61%。

2. 确保预算完成的主要措施（略）

总结

- 2023年表现：公司在2023年实现了显著的财务增长，资产总额、营业收入和净利润均有较大幅度的提升。
- 2024年预算：公司预计2024年营业收入和净利润将有所下降，但通过提升运营管理水平、加强营销队伍建设和规范财务管理等措施，力求实现预算目标。

这份报告详细展示了公司2023年的财务状况和经营成果，并为2024年的财务预算制定了明确的计划和措施。

通过上述 AI 工具对该企业 2023 年度财务报告的详细解读，我们对该企业 2023 年的收入、利润等重要信息有了一定的了解，也可以看到该企业在 2023 年的经营状况是呈积极的发展态势的。接下来让 DeepSeek 根据报告解读结果做进一步的分析和评估。

步骤02 继续在提示词输入框中输入下列文字："我现在正考虑购买这家公司的股票，想请你基于以上解读结果，帮我详细分析一下该公司的财务健康状况、盈利能力和未来发展潜力。具体如下：财务健康状况：评估其资产负债表的质量，包括资产流动性、负债水平和偿债能力；盈利能力：分析其收入增长趋势、利润率变化以及影响利润的关键因素；未来发展潜力：根据 2024 年财务预算报告中的规划，评价其市场定位、竞争策略和预期增长机会。"如图 2-20 所示。

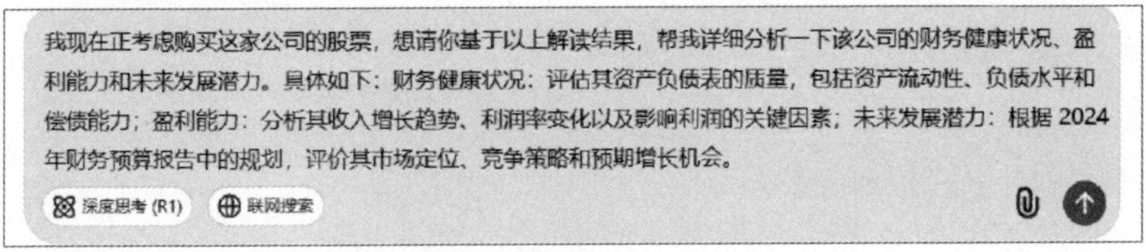

我现在正考虑购买这家公司的股票，想请你基于以上解读结果，帮我详细分析一下该公司的财务健康状况、盈利能力和未来发展潜力。具体如下：财务健康状况：评估其资产负债表的质量，包括资产流动性、负债水平和偿债能力；盈利能力：分析其收入增长趋势、利润率变化以及影响利润的关键因素；未来发展潜力：根据 2024 年财务预算报告中的规划，评价其市场定位、竞争策略和预期增长机会。

深度思考 (R1)　　联网搜索

图 2-20

DeepSeek 将继续根据提问给出回复，内容如下。

AI 在考虑购买甘肃国芳工贸（集团）股份有限公司（以下简称"公司"）的股票之前，我们需要从财务健康状况、盈利能力和未来发展潜力三个方面进行详细分析。以下是对这些方面的评估：

一、财务健康状况

1. 资产流动性

· 流动资产：2023年末公司流动资产为115,277.73万元，占总资产的42.00%，比年初增加32,823.03万元，增幅39.81%。流动资产的大幅增加表明公司具有较强的短期偿债能力。

· 流动比率和速动比率：2023年末流动比率为151.01%，速动比率为129.50%，均较2022年有所提升，表明公司短期偿债能力较强。

2. 负债水平

· 负债总额：2023年末公司负债总额为110,011.01万元，比年初增加12,441.85万元，增幅12.75%。其中流动负债增加较多，增幅29.38%。

· 资产负债率：2023年末资产负债率为39.41%，较2022年的37.14%有所上升，但仍处于合理水平，表明公司财务结构相对稳健。

3. 偿债能力

· 现金流量：2023年经营活动现金流量净额为45,140.19万元，投资活动现金流量净额为6,015.57万元，筹资活动现金流量净额为-11,338.85万元。公司经营活动产生的现金流量充足，能够覆盖投资和筹资活动的现金需求。

· 利息保障倍数：虽然没有直接提供利息保障倍数的数据，但从净利润和负债水平来看，公司偿债能力较强。

二、盈利能力

1. 收入增长趋势

· 营业收入：2023年营业收入为96,962.74万元，同比增长28.58%。收入增长显著，表明公司业务扩展和市场占有率的提升。

2. 利润率变化

· 销售毛利率：2023年销售毛利率为48.31%，较2022年的43.22%有所提升，表明公司成本控制能力增强。

· 销售净利率：2023年销售净利率为16.27%，较2022年的15.66%有所提升，表明公司盈利能力增强。

3. 影响利润的关键因素

- 成本控制：公司通过严格的内控管理措施挖潜增效，降低了运营成本。

- 市场扩展：公司通过加强营销队伍建设和开拓新市场，扩大了市场占有率，增加了收入。

三、未来发展潜力

1. 市场定位（略）

2. 竞争策略（略）

3. 预期增长机会（略）

总结

- 财务健康状况：公司资产流动性强，负债水平合理，偿债能力较强，财务结构稳健。

- 盈利能力：公司收入增长显著，利润率提升，成本控制能力增强，盈利能力较强。

- 未来发展潜力：公司市场定位明确，竞争策略清晰，通过提升运营管理水平和加强市场营销，有望在未来实现增长。

综合来看，甘肃国芳工贸（集团）股份有限公司具有较强的财务健康状况和盈利能力，未来发展潜力较大。然而，投资者在做出投资决策时，还应考虑市场环境、行业竞争等外部因素，并结合自身的风险承受能力进行综合评估。

2.6　用AI查询联网企业信息

在股票市场中，信息就是财富。及时获取各种市场数据、行业动态、公司资讯等信息对新股民来说至关重要。然而，面对互联网上纷繁复杂、海量的信息源，新股民往往难以快速、准确地找到自己所需要的信息。此时，利用AI工具来查询这些联网信息，将大幅提升新股民获取信息的效率和准确性。例如，我们可以让 AI 工具帮忙查询相关新闻报道、实时行情数据、企业的经营状况、行业内的重大事件等。

步骤01 首先尝试让 AI 工具查询企业相关新闻报道。打开通义千问，在提示词输入框中输入下列文字："请帮我搜集并整理最近一周内有关博瑞传播的新闻报道，特别是关于公司财务状况、业务动态等可能影响股价的信息。"如图 2-21 所示。

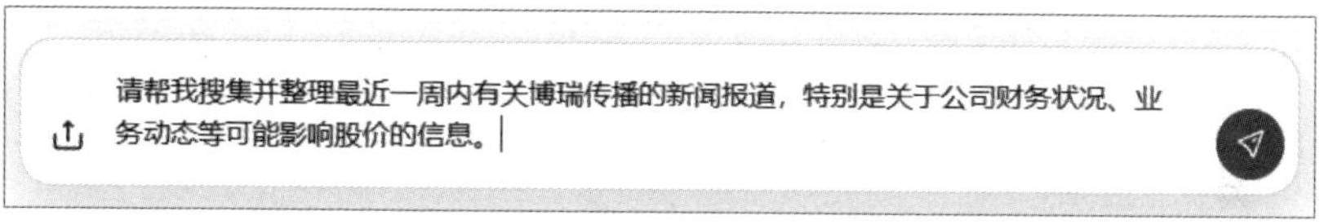

请帮我搜集并整理最近一周内有关博瑞传播的新闻报道，特别是关于公司财务状况、业务动态等可能影响股价的信息。

图 2-21

通义千问给出的回复如下。

 以下是对最近一周内（以当前时间 2024 年 12 月 6 日往前推算一周）有关博瑞传播的新闻报道的搜集与整理，特别是关于公司财务状况、业务动态等可能影响股价的信息：

一、财务状况

1. 融资情况

· 融资余额：据东方财富网 2024 年 12 月 3 日报道，博瑞传播在 2024 年 12 月 2 日的融资余额为 3.62 亿元，较前一日下降 2.33%。当日融资买入 4879.35 万元，融资偿还 5743.44 万元，融资净偿还 864.09 万元。

· 融资融券余额：截至 2024 年 12 月 2 日，博瑞传播的融资融券余额合计为 3.63 亿元。

2. 股价与成交额

· 股价变动：据证券之星 2024 年 12 月 2 日报道，截至 2024

年12月2日收盘，博瑞传播（600880）报收于5.09元，上涨2.41%。

· 成交额：2024年12月2日，博瑞传播的成交额为3.0亿元。

3．前三季度财务数据

· 营收与净利润：据搜狐网2024年10月30日报道，博瑞传播2024年前三季度实现营业收入2.82亿元，同比下降30.84%；归母净利润1225.45万元，同比下降69.26%。

· 每股收益与净资产收益率：2024年前三季度，博瑞传播基本每股收益为0.01元，加权平均净资产收益率为0.40%。

二、业务动态

1．主营业务

· 博瑞传播主要从事广告的发布与制作、教育、游戏软件的开发与销售等业务。

2．股东变动

· 据搜狐网2024年10月30日报道，2024年三季度末的公司十大流通股东中，新进股东为周术斌，取代了二季度末的钟格。在具体持股比例上，华夏中证动漫游戏交易型开放式指数证券投资基金、国泰中证动漫游戏交易型开放式指数证券投资基金持股有所上升，张忠胜、田华、汪林冰持股有所下降。

三、可能影响股价的其他信息

1．资金流向

· 据证券之星2024年12月2日报道，2024年12月2日博瑞传播的资金流向数据方面，主力资金净流出1644.9万元，占总成交额5.49%；游资资金净流出1319.76万元，占总成交额4.4%；散户资金净流入2964.66万元，占总成交额9.89%。

2．市盈率与市净率

• 以2024年10月30日收盘价计算，博瑞传播目前市盈率（TTM）约为598.17倍，市净率（LF）约1.67倍，市销率（TTM）约11.24倍。

综上所述，最近一周内博瑞传播的新闻报道主要集中在其财务状况和业务动态上。财务状况方面，公司的融资余额有所下降，但整体融资余额仍然较高；股价有所上涨，但成交额和净利润均出现同比下降。业务动态方面，公司主营业务保持稳定，但股东结构有所变动。此外，资金流向和市盈率、市净率等指标也可能对股价产生影响。投资者应密切关注公司的最新动态和财务数据，以做出明智的投资决策。

步骤02 投资者通常需要查询自己较为关注的一只或多只股票的最新行情数据，以便做出明智的投资决策。在提示词输入框中输入下列文字："请帮我查询一下影视板块中的欢瑞世纪、博纳影业、华策影视这三只股票最近一个交易日的行情数据，包括它们的最新股价、开盘价、最高价、最低价以及涨跌幅，以表格的形式呈现。"如图 2-22 所示。

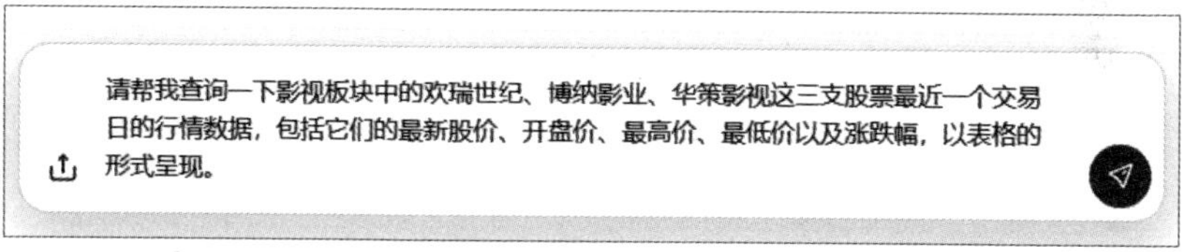

请帮我查询一下影视板块中的欢瑞世纪、博纳影业、华策影视这三支股票最近一个交易日的行情数据，包括它们的最新股价、开盘价、最高价、最低价以及涨跌幅，以表格的形式呈现。

图 2-22

通义千问给出的回复如下。

AI 以下是影视板块中的欢瑞世纪、博纳影业、华策影视这三只股票最近一个交易日的行情数据，包括它们的最新股价、开盘价、最高价、最低价以及涨跌幅，以表格的形式呈现如下：

股票名称	最新股价（元）	开盘价（元）	最高价（元）	最低价（元）	涨跌幅（%）
欢瑞世纪	4.39	3.93	4.39	3.88	+10.03
博纳影业	6.91	6.71	6.94	6.67	+2.83
华策影视	8.60	8.37	8.77	8.24	+2.87

请注意，上述数据为北京时间2024年12月6日14:15:00的行情数据，且股票市场具有波动性，实际数据可能随时发生变化。如需更详细或实时的信息，请查阅相关的金融数据平台或证券交易所的官方网站。

第 3 章

观察市场：
AI 解析股票趋势

股票市场瞬息万变，认识和了解股票走势是投资者需要掌握的基础，需要从 K 线的波动、成交量与价格的起伏、技术指标的变化等多个方面关注股市动态。本章将带领新股民朋友通过与 AI 工具对话互动的方式快速了解股票的相关信息，借助强大的 AI 识图功能了解和学习各种技术分析的特点，从而掌握和学习分析股票走势的相关知识。

3.1 用 AI 快速了解股票基本面

股票的基本面指的是影响公司内在价值的各种因素，它主要涵盖了公司的财务健康状况、经营业绩、行业地位、市场前景、管理团队质量等方面。分析股票基本面是投资者评估一家公司是否值得投资的重要方法之一。炒股新手借助 AI 工具，可以快速了解某只股票的基本面信息，具体的操作如下。

打开通义千问，进行如下所示的对话。

> 🧑 你是一名专业的股票分析师，你的任务是从盈利模式、产品分析及财务报表三方面对近三年的四川长虹（股票代码：600839）资料进行收集并做出分析。
>
> 🤖 四川长虹（股票代码：600839）的近三年资料包括股价表现、财务数据以及市场动态等。
>
> 股价表现：2024 年 11 月 7 日：最新交易数据显示，长虹股票午间休市时的价格为 12.31 元，下跌了 0.93 元，跌幅为 7.02%。2024 年 11 月 6 日：龙虎榜数据显示，北向资金净买入 1.28 亿元，总成交额达到 125.46 亿元。当日收盘价为 13.24 元，下跌了 8.25%。从 2024 年的部分数据来看，长虹股票经历了波动，具体涨跌情况需要结合更多历史价格来分析。
>
> 财务状况：截至 2022 年 12 月 31 日，经营活动产生的现金流

量净额为 -3,105,374,479.46 元，显示公司在这段时间内经营现金流出现负值。收回投资收到的现金为 618,225,398.54 元，表明公司在进行投资活动的同时也有一定的现金流入。

经营范围与业务收入：长虹的主要经营范围包括家用电器、汽车电器、电子产品及零配件等多个领域。在具体的收入占比方面，ICT 产品与服务占比较高，达到 34.47%，其次是空调、电视、压缩机等传统家电产品。

市场动态：2024 年 11 月初，长虹宣布将接受来自其金融部门为期三年的金融服务，这可能对公司未来的发展产生影响。2024 年度，长虹计划为其下属部分控股子公司提供合计不超过 91.03 亿元的支持，这显示出公司对子公司的支持态度。

通义千问给出的回答涉及该股的股价表现、财务状况、经营范围与业务收入、市场动态等相关信息，并在答语最后提供了资料来源，如图 3-1 所示。

图 3-1

如果想知道更多关于某只股票的信息还可以追加提问，提出有关股票的财务报表、盈利能力、成长性、运营销量、市场份额与竞争力等更有针对性的问题。投资者合理使用 AI 工具将大大提高股票信息搜集的能力，以快速、高效地了解某只股票的基本面。

3.2 用 AI 了解分时图

分时图是指大盘和个股的动态实时分时图，对实战研究股票走势极其重要，是即时把握多空力量转化、对比市场信息变化的根本所在，所以投资者需要学会看懂分时图，并理解各种指标的意义。AI 可以通过实时数据处理快速识别盘中价格波动的模式，为短期交易者提供即时的买卖建议。

这里以某只股票的实时分时图（见图 3-2）为例，在 AI 工具中上传该图，请 AI 分析该分时图中包含的信息并给出买卖建议，具体操作如下。

步骤01　在网页浏览器中打开通义千问页面，上传图 3-2 所示的分时图。

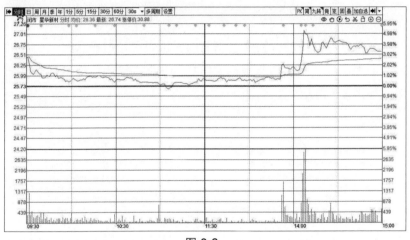

图 3-2

步骤02　在提示词输入框中输入并提交提示词。演示对话如下。

> 👤 你是一名专业的股票分析师，你的任务是以专业的角度读取和整理上传的分时图中的信息，并给出未来短线交易的建议。
>
> 🅰️ 当然，作为一名股票分析师，我们可以从这张分时图中提取出多个关键信息点，以帮助我们更好地理解当天的市场行为

和投资者情绪。以下是详细的分析：

开盘与早盘走势：开盘价股票开盘价为 26.36 元。开盘后，价格在 26.36 元附近小幅波动，整体走势较为平稳。成交量也相对较低，显示出市场在开盘初期较为观望。

午盘走势：上午 11 点左右，价格略有下跌，但整体波动不大，维持在 26.36 元附近。午盘成交量略有增加，但整体变化不大，显示出市场情绪较为平稳。

午后走势：下午开盘后，尤其是在 14:00 左右，价格出现显著上涨，最高达到 26.74 元。午后成交量显著增加，尤其是在 14:00 左右，显示出买盘力量较强，推动价格上涨。

尾盘走势：尾盘价格维持在高位，收盘价为 26.74 元，较开盘价有所上涨。尾盘成交量有所回落，但仍保持在较高水平，显示出市场对当前价格的认可。

建议：

短线操作：午后放量上涨是一个积极信号，可以考虑在价格回调时买入，但需注意市场情绪的变化。

3.3　用 AI 学习 K 线技术

K 线图（蜡烛图）是技术分析中最常用和最直观的图表之一，它在学习和理解股票走势中扮演着极其重要的角色。K 线能够把每日或某一周期的市况完全记录下来，用不同颜色和形式的柱形绘制交易价格变化，表示市场的涨跌情况。新手投资者需要重点学习和掌握的是特定的 K 线形态或形态组合。在面对复杂的 K 线形态时，投资者可以借助 AI 工具快速识别和了解不同形态出现的意义，敏锐地捕捉市场变化，从而做出更为明智的投资决策。

每根 K 线由四个关键价格点组成：开盘价、收盘价、最高价和最低价。阳线是指股票当日的收盘价高于开盘价，表示为白色或红色带空心的实体，如图3-3所示。阴线是指股票当日的收盘价低于开盘价，表示为黑色或绿色实体，如图3-4所示。

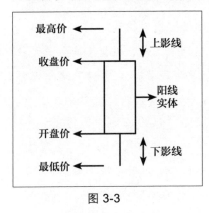

图 3-3

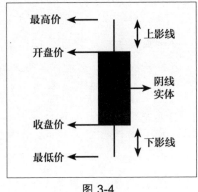

图 3-4

1. 读懂单根 K 线

要想读懂单根 K 线，首先需要了解单根 K 线里面包含的价格反映的特定交易日内的买卖活动。随着市场情绪的不同反应，K 线的实体也会有变化。单根 K 线中还包含多种特殊的 K 线形态，这里先对两种普通的 K 线形态进行介绍。

（1）光头光脚阳线和光头光脚阴线

光头光脚阳线（见图3-5）和光头光脚阴线（见图3-6）是指没有上、下影线的阳线和阴线。出现这类 K 线一般代表当日股价极度强势或者极度弱势。

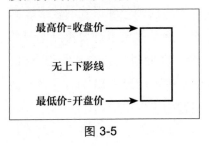

图 3-5

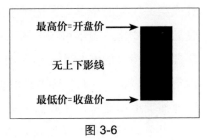

图 3-6

（2）带帽阳线和带帽阴线

带帽阳线（见图3-7）和带帽阴线（见图3-8）是指带有上影线的阳线和阴线，带帽阳线中的上影线是当日最高价与收盘价的差，带帽阴线中的上影线是当日最高价与开盘价的差。

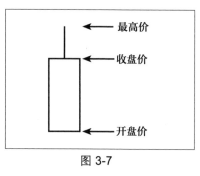

图 3-7

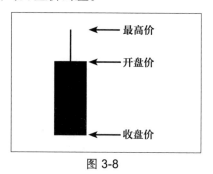

图 3-8

（3）学习更多的K线形态

对新手投资者来说，如果对单独某一种K线形态感到困惑，可以通过屏幕截图保存该形态，并利用AI工具进行学习和分析，具体操作如下。

步骤01 在网页浏览器中打开通义千问页面，上传如图3-9所示的单根K线图。

步骤02 在提示词输入框中输入并提交提问，演示对话如下。

图 3-9

👤 请你以一名投资专家的身份，讲解一下这根K线的含义。

🅰 这张K线图展示的是一根十字星，这是一种特殊的K线形态，具有重要的市场含义。以下是详细的分析：

1. 基本构成

开盘价：与收盘价几乎相同。

最高价：上影线顶端。

最低价：下影线底端。

2. 实体与影线

实体（Body）：非常小，几乎成一条线，表示开盘价和收盘价接近。上影线（Upper Shadow）：显示当天的最高价。下影线（Lower Shadow）：显示当天的最低价。

3. 市场情绪反映

十字星：十字星形态表明在该交易日中，买方和卖方的力量几乎相等，最终价格回到了开盘价附近。这通常是一个市场犹豫不决的表现，预示着趋势可能出现变化。

4. 特殊形态及其意义

长上下影线：如果十字星有较长的上下影线，说明市场在当天经历了较大的波动，但最终回到了开盘价附近，进一步强化了市场犹豫不决的状态。

5. 结合背景环境

支撑位和阻力位：十字星出现在关键支撑位或阻力位附近时，其反转信号更为强烈。

成交量：虽然图片中没有显示成交量，但如果十字星伴随高成交量，那么其反转信号更为可信。

6. 后续观察

趋势变化：十字星后需要密切关注接下来几天的价格走势。如果价格突破十字星的上下影线，可能预示新的趋势形成。

向上突破：如果价格突破上影线，可能预示着新一轮上涨趋势的开始。

向下突破：如果价格跌破下影线，可能预示着新一轮下跌趋势的开始。

通过这些分析，投资者可以更好地理解当前市场的动态，并据此制定相应的交易策略。

2. 了解组合K线形态

组合K线形态与单根K线形态相比，提供了更丰富的市场信息和更强的趋势预测能力。单根K线主要反映的是特定时间段内的价格变动和市场情绪，而组合K线形态则是通过多个连续的K线来揭示更为复杂的市场动态和潜在的趋势变化。下面先从简单的两根组合K线形态开始介绍，之后再借助AI工具来学习组合K线形态的知识。

（1）锤子线与T字线

锤子形K线具有很长的下影线，而实体部分却很短，如图3-10所示；当实体部分逐渐缩小直至消失时，则锤子形K线就呈T字形K线，如图3-11所示。

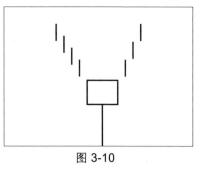

图3-10

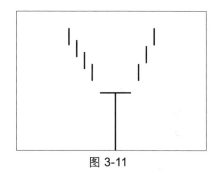

图3-11

（2）跳空三连阴和跳空三连阳

在下跌途中出现跳空三连阴K线时（见图3-12），则预示着下跌趋势已经见底，如果后市走势连续拉出一根或两根上涨阳线，并且上涨阳线能对跳空三连阴K线的缺口进行及时回补，则说明后市走势反转上涨的可能性非常大，下跌趋势即将转为上涨趋势。

而在上涨途中出现跳空三连阳K线时（见图3-13），则预示着上涨趋势已经见顶，如果后市走势连续拉出一根或两根下跌阴线，并且下跌阴线能对跳空三连阳K线的缺口进行及时回补，则说明后市走势反转下跌的可能性非常大，上涨趋势即将转为下跌趋势。

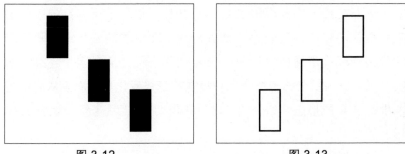

图 3-12   图 3-13

在实际应用中，可以借助 AI 工具对出现跳空三连阴或跳空三连阳形态后的走势进行分析和预测。具体的操作步骤如下。

步骤 01 在同花顺软件中截取并保存某只股票的 K 线图，如图 3-14 所示。

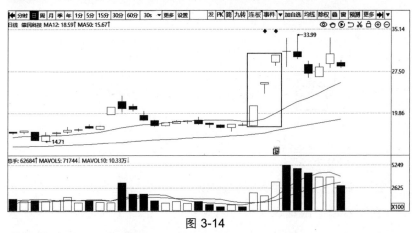

图 3-14

步骤 02 在网页浏览器中打开通义千问页面，上传图 3-14，编写并提交提示词，演示对话如下。

> 👤 你是一名专业的股票分析师，请你运用你的金融知识和市场分析能力，对上传图片框中区域呈跳空三连阳形态的后市走向进行分析和预测。

AI 从图中可以看到，该股票在框定的区域内形成了一个跳空三连阳的形态。跳空三连阳是一种较为强烈的看涨信号，通常出现在上升趋势中，表明市场买盘力量强劲，股价有望继续上涨。

技术分析要点：

跳空三连阳：连续三个交易日开盘价均高于前一日的最高价，且每日收盘价均高于开盘价，形成三个连续的阳线。这种形态通常表明市场情绪非常乐观，买盘力量强劲。

成交量：从图表底部的成交量柱状图来看，成交量在跳空三连阳期间有所放大，表明市场参与度较高，资金流入明显。

均线：图中显示了MA12和MA50两条均线，可以看到股价在跳空三连阳期间突破了MA12均线，并且MA12均线也呈现出向上拐头的趋势，进一步确认了上升趋势。

后市预测：

短期走势：跳空三连阳通常预示着短期内股价将继续上涨。如果成交量继续保持放大，且股价能够持续站稳在MA12均线之上，那么短期内股价有望继续上行。

中期走势：如果跳空三连阳之后，股价能够继续维持在高位震荡，并且成交量保持活跃，那么中期来看，股价有望进一步上涨。需要注意的是，如果股价在高位出现放量滞涨或者出现明显的顶部形态（如黄昏之星、射击之星等），则需要警惕可能出现的回调风险。

（3）了解更多的K线组合形态

投资者可以将组合K线形态的图片上传至AI工具，进一步学习更多K线组合形态的特征，了解其背后蕴含的市场含义，并获取后期走势建议，这里就不再赘述了。

3.4　用 AI 了解成交量

成交量是指一个时间单位内某项交易成交的数量。为了方便分析，一般将常见的成交量变化归类为三种：缩量、放量和堆量，其基本形态如图 3-15 所示。

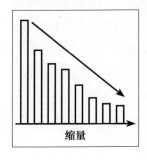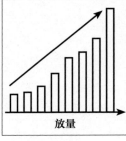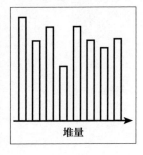

图 3-15

1．缩量

缩量是指市场成交量萎缩，买卖清淡，投资者对市场后期走势十分认同，意见一致。缩量分两种情况：一是投资者都十分看淡后市，造成只有人卖却没有人买的状况，所以急剧缩量；二是投资者都对后市十分看好，只有人买而没有人卖，所以又急剧缩量。如图 3-16 所示，成交量呈现出明显的缩量形态，表明市场参与者的交易兴趣逐渐减弱。

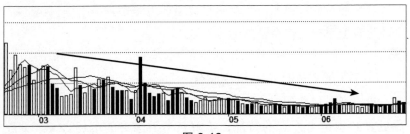

图 3-16

2．放量

放量一般是市场趋势转折的先兆，多空分歧逐渐加大，在一部分人坚决看空后市时，另一部分人却坚决看好后市，一些人纷纷把筹码抛出，另一部分人却在大手笔吸纳。如图 3-17 所示，该只股票的成交量呈现明显的放量特征。

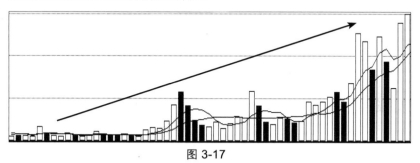

图 3-17

3．堆量

堆量就是指成交量形成一个状似土堆的形态。当某只股票股价处于低位，其中主力已牢牢控盘、意欲拉升时，开始会做多吸引人气，不断拉小阳线，几日或几周以来成交量缓慢放大，价格慢慢推高，成交量在近期的 K 线图上形成了一个状似土堆的形态，后市可能会产生大行情。相反，在高位的堆量表明主力已达到目的，开始出货，后市可能会大幅下跌。

下面以某只股票的成交量图表为例，利用 AI 工具分析该股票的成交量变化情况，从而进一步学习分析成交量的变化，以及对后市判断的影响。

步骤01 在同花顺软件中截取并保存某只股票的成交量图表，如图 3-18 所示。

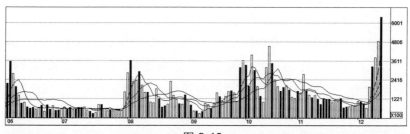

图 3-18

步骤02 在网页浏览器中打开通义千问页面，上传图 3-18，编写并提交提示词，演示对话如下。

💬 你是一名专业的股票分析师，你的任务是运用你的金融知识和市场分析能力回答我的问题。请你分析图中成交量变化，并预测后市走势。

🅰️ 好的，让我们详细解读图中的成交量变化，并分析其市场影响力及对后市走势的影响。

成交量变化分析

2 月份：

成交量显著放大，形成一个明显的"堆量"形态。

价格在这一时期也有所上升，显示出主力可能在低位吸筹。

……

11 月份至 12 月份：

成交量再次放大，价格波动加剧。

这可能是市场情绪再次升温，但也可能是主力在高位出货。

后市走势预测

短期（1—2 个月）：

如果当前的成交量放大是由于市场情绪回暖和资金流入增加，短期内可能会有进一步的上涨。

但如果成交量放大伴随着价格快速上涨后的回调，则可能是主力出货，短期内可能会有回调风险。

......

长期（6个月以上）：

长期走势需要结合宏观经济环境、行业基本面等因素综合判断。如果公司基本面良好且行业前景乐观，长期来看仍有上涨空间。

总结

低位堆量：2月份和3月份的堆量发生在价格低位，可能是主力吸筹，预示着后市有较大的上涨潜力。

高位堆量：9月份至10月份的堆量发生在价格高位，可能是主力出货，需警惕回调风险。

近期堆量：11月份至12月份的堆量需要进一步观察，如果伴随价格稳步上升，则市场情绪向好；如果价格波动加剧，则需警惕回调风险。

3.5 用 AI 看懂量价关系

一般来说，量价关系会表现为股价上涨的同时，成交量也同步放大；股价下跌，成交量也同步缩减，即股价与成交量变化方向相同，这种现象我们称为"量价配合"。如果说股价上涨、成交量出现缩减，股价下跌、成交量反而出现放大，这种现象称为"量价背离"。不同的量价关系对后市股价的趋势有着不同的影响，本节将介绍常见的九种量价关系和两种异常形态的量价关系。

1. 九种量价关系

量增价涨：指个股（或大盘）在成交量增加的同时，股价也同步上涨的一种量价配合现象，如图3-19所示。这种量价关系说明股价的上升得到了成交量增加的支撑，表明后市将继续看好。

量增价跌：主要是指个股在成交量增加的情况下，股价反而下跌的一种量价背离现象，如图3-20所示。量增价跌现象大多出现在高位区，偶尔出现在低位区。

量增价平：主要是指个股在成交量增加的情况下，股价维持在一定价位水平上下波动的一种现象，如图3-21所示。量增价平既可以出现在高位区，也可以出现在低位区。

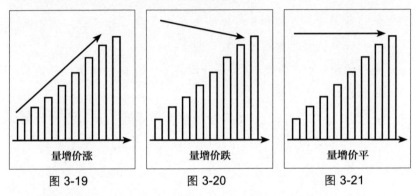

图 3-19　　　　　　图 3-20　　　　　　图 3-21

量缩价涨：主要是指个股在成交量减少的情况下，股价反而上涨的一种现象，如图3-22所示。量缩价涨多出现在上升行情的初、末期，偶尔也会出现在下降行情中期的反弹过程中。

量缩价跌：即量价齐跌，主要是指个股在成交量减少的同时，股价也同步下跌的一种量价配合现象，如图3-23所示。量缩价跌现象既可以出现在上升行情中，也可以出现在下跌行情中。

量缩价平：指在成交量萎缩的情况下，个股的股价维持在一定价位水平上下波动的一种现象，如图3-24所示。量缩价平可以出现在高位区，也可以出现在低位区。

量平价涨：指成交量保持相对的等量水平，而股价持续上升的一种现象，如图3-25所示。一般情况下，当成交量增大时股价都会随之上涨，而量平价涨中股价虽然在涨，成交量却保持一种相对平稳的运行状态，这种情况在市场中可以说是比较少见的。

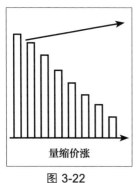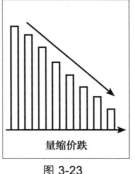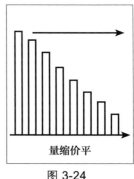

| 图 3-22 | 图 3-23 | 图 3-24 |

量平价跌：指成交量保持相对的等量水平，而股价不断下跌的一种现象，如图 3-26 所示。量平价跌可能出现在上涨行情中，也可能出现在下跌行情中。

量平价平：指股价相对平稳，同时成交量也保持相对平稳状态的一种现象，如图 3-27 所示。量平价平的走势比较少见，一般发生在股价底部盘整的过程中，也有一些发生在股价高位震仓过程中。

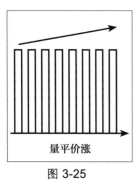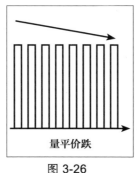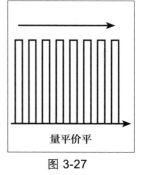

| 图 3-25 | 图 3-26 | 图 3-27 |

在实际应用中，可以利用 AI 工具对某只股票的 K 线图与成交量图表进行解读，分析该股票量价关系的变化情况，具体的操作如下。

步骤01 在同花顺软件中截取并保存某只股票的日 K 线图和成交量图表，如图 3-28 所示。

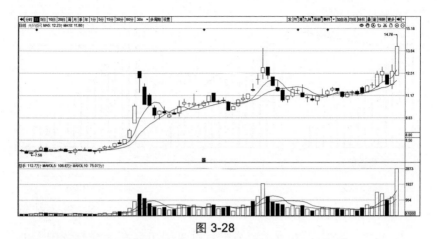

图 3-28

步骤 02 在网页浏览器中打开通义千问页面，上传图 3-28，编写并提交提示词，演示对话如下。

👤 你是一名专业的股票分析师，你的任务是运用你的金融知识和市场分析能力回答我的问题。根据上传的图片，请对该只股票的量价关系进行综合分析，并对后市操作提出建议。

🅰️ 好的，让我们详细分析这张图表中的量价关系，并给出后市操作建议。

量价关系分析

1. 成交量与价格的关系：

初期阶段（左侧）：成交量较小，价格在低位徘徊，市场交投清淡。

中期阶段（中间部分）：成交量开始放大，价格也随之上升，显示出资金流入的迹象。这一阶段可能是主力吸筹的过程。

近期阶段（右侧）：成交量再次放大，价格继续上升，显示出市场情绪回暖和资金流入增加。

2. 具体时间节点分析：

左侧低点：成交量较低，价格在底部区域，市场交投清淡。

中间放量上涨：成交量显著放大，价格快速上升，显示出市场情绪转暖，资金流入明显。

右侧高位放量：成交量持续放大，价格进一步上升，但需警惕高位放量可能带来的回调风险。

后市操作建议

1. 短期操作建议：

买入时机：当前成交量放大且价格稳步上升，可以考虑在回调时逢低买入。

卖出时机：如果成交量放大但价格出现滞涨或回调，则需警惕主力出货的风险，可适当减仓。

……

3. 长期操作建议：

长期持有：如果公司基本面良好且行业前景乐观，长期来看仍有上涨空间，可以考虑长期持有。

2．两种异常形态的量价关系

除了常用的九种量价关系外，还有一些量价的异常变化，常用到的有两种：天量天价和地量地价。天量天价的基本形态和地量地价的基本形态如图 3-29、图 3-30 所示。

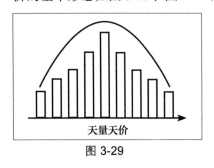

图 3-29

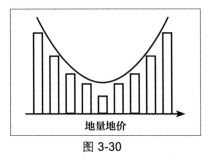

图 3-30

天量天价：“天量”是指股票在某个交易日创下了历史上的最大成交量，或者在某个交易日创下这轮行情以来的最大成交量，同时短期内没有再次出现更大的交易量，这个成交量就叫“天量”。“天价”是指股价创出历史新高，或者某段时期内的新高，同时短期内没有再创出更高的价格。

"天量天价"就是价格创出了"天价"，同时成交量也成了"天量"，即"天量"和"天价"同时出现，如图 3-31 所示为天量天价的 K 线图。如果近期股票出现了重大利好消息，那么庄家就可能在"天量天价"处集中出货，此时投资者需要谨慎操作，对短线投资者来说，若遇到这种走势应离场观望，而中长线投资者可进行部分的减仓。如果"天量"之后股价无法创出新高，即"天价"得到确认后，中长线投资者应斩仓出局。

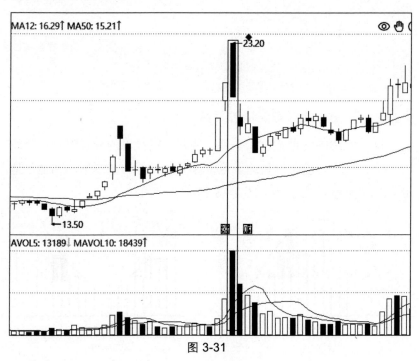

图 3-31

地量地价：“地量”是指某只股票在某个交易日创出了历史最低成交量，或者一段时间内的最小成交量，同时短期内不大可能再次出现更小的成交量，那么就可称之为“地量”；“地价”是指股价创历史新低或者创出最近一段时间以来的最低价。

　　“地量地价”就是指股价经过长时间的下跌后，某日创出了“地价”，同时成交量也出现了“地量”，也就是“地量”和“地价”同时出现，如图 3-32 所示为地量地价的走势图。地量地价通常意味着趋势跌无可跌了，这个时候投资者要密切注意，一旦出现明显的 K 线底部组合，只要没有系统性风险就会展开行情，可以及时追进。

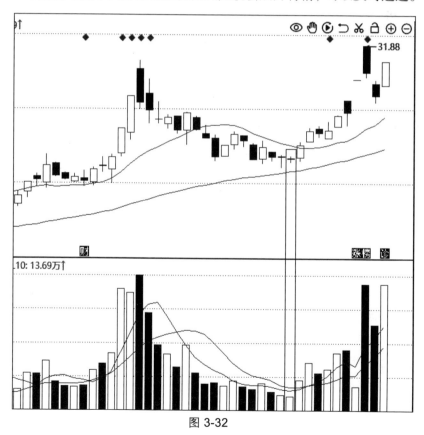

图 3-32

3.6 用AI了解技术指标

常见的技术指标有移动平均线（MA）、平滑异同移动平均线（MACD）、相对强弱指数（RSI）、布林带（BOLL）等，学习技术指标对理解市场行为和制定交易策略是非常重要的。以同花顺软件为例，在K线图的下方有多种指标技术标签，单击任意标签即可切换显示相应指标图表，如图3-33所示。

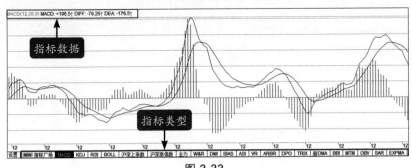

图 3-33

1. 移动平均线（MA）

移动平均线（MA）指标是通过计算一定时间段内的价格平均值来平滑价格波动。这样可以帮助我们更清楚地看到价格的趋势，而不是被每天价格的上下波动所迷惑。比如，MA5就是把最近5天的价格加起来再除以5，MA20就是把最近20天的价格加起来再除以20，分别称为5日均线和20日均线。以同花顺软件为例，某一只股票的日K线图中5日均线和20日均线的效果如图3-34所示。

均线可以帮助投资者识别趋势，确定买卖时机和管理风险。不同操作需求的投资者选择的均线周期也是不同的，短线交易者可能使用较短周期的MA（如5日或10日），以便快速捕捉市场变化，而长期投资者通常会关注较长周期的MA（如125日或250日），以识别长期趋势。这里以同花顺为例，介绍均线系统周期的修改方法。

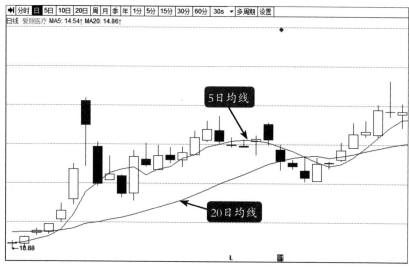

图 3-34

步骤01 在 K 线图窗口左上角的均线参数值处双击鼠标左键，如图 3-35 所示。

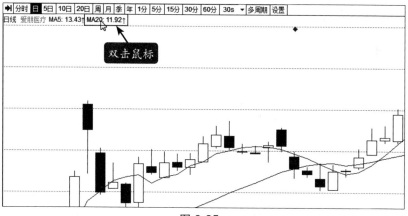

图 3-35

步骤02 弹出 "技术指标参数设置" 对话框，切换至 "均线" 标签页，可以分别设置多条均线参数及显示均线条数，修改完成后，单击 "确定" 按钮，如图 3-36 所示。

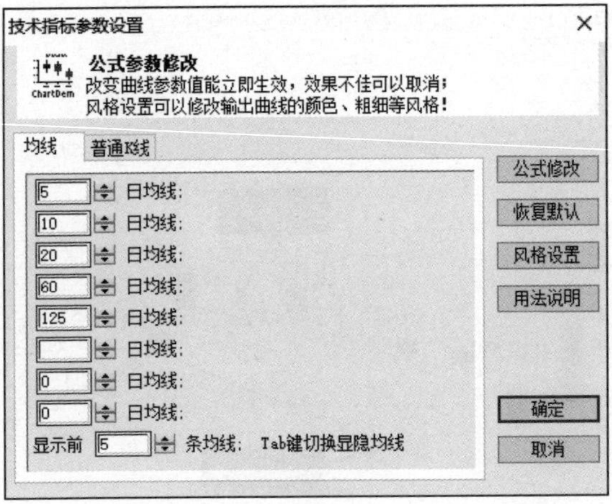

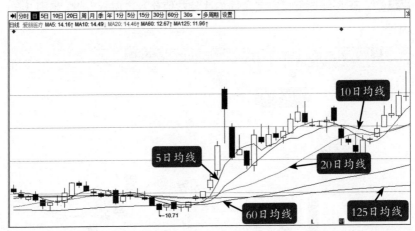

图 3-36

步骤03 返回K线图窗口,可看到均线由原来的5日和20日的2条均线,变成了 5 日、10 日、20 日、60 日和 125 日的 5 条均线,如图 3-37 所示。

图 3-37

使用 MA 均线查看股票走势时,最简单直接的分辨方式是观察金叉和死叉,金叉是短期 MA 向上穿过长期 MA❶❷,这可能是买入信号,表明上升趋势可能开始;而死叉则是短期 MA 向下穿过长期 MA❸,这可能是卖出信号,表明下降趋势可能开始,如图 3-38 所示。

图 3-38

2．平滑异同移动平均线（MACD）

平滑异同移动平均线（Moving Average Convergence Divergence，MACD）是一种广泛使用的趋势跟踪动量指标，它通过计算两条不同周期的指数移动平均线（EMA）之间的差异来衡量价格的变化。MACD 不仅能帮助识别市场的趋势方向，还能提供买卖信号。

MACD 指标可以除掉平均线经常出现的假信号，其计算原理是计算长短期两条平滑平均线之间的差离值，属于中长线指标。主要由 DIFF 线和 DEA 线及 MACD 柱线三部分构成，蓝色的 DIFF 线是快速平均线，变动较为灵敏；紫色的 DEA 线是慢速平均线，变动较为平缓；MACD 柱又分为红柱和绿柱。柱状线的值是 DIFF 与 DEA 的差值，即若 DIFF 在 DEA 上方，则差值为正，柱状线为红色，在 0 轴的上方；若 DIFF 在 DEA 线下方，则差值为负，柱状线为绿色，在 0 轴的下方，如图 3-39 所示。

这里以 MACD 指标为例，先来了解一下 MACD 指标如何影响买卖。

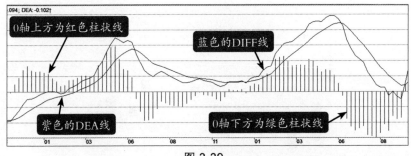

图 3-39

　　在实际的选股中，MACD 指标的实用性通常表现在 DIFF 线与 DEA 线之间的不同交叉和位置变化透露出的买卖信号。

　　MACD 中金叉是指 DIFF 线上穿 DEA 线，死叉是指 DIFF 线下穿 DEA 线。MACD 指标中的金叉和死叉所出现的位置不同，其发出的信号强度也是不同的。下面进行具体讲解。

　　（1）当金叉发生在 0 轴上方时，预示着股价将继续走强，是买入信号；当死叉发生在 0 轴上方时，预示着股价进入一个短期的下跌调整过程，是短线卖出信号，如图 3-40 所示。对一线投资者来说，需要结合其他指标做进一步的分析，判断此处股价是否见顶。

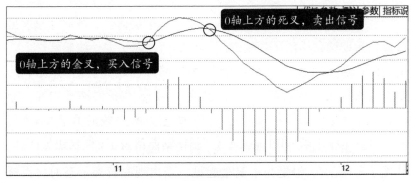

图 3-40

　　（2）当金叉发生在 0 轴下方时，股价发出由弱转强的信号，但投资者不宜立即入场，而应继续观察，如果短期内出现第二次金叉，且第二次金叉的位置高于第一次金叉的位置，此时买入信号的可靠性更高，如图 3-41 所示。如果两条线在 0 轴下方形成死叉，则说明行情重开跌势，投资者要继续减仓。

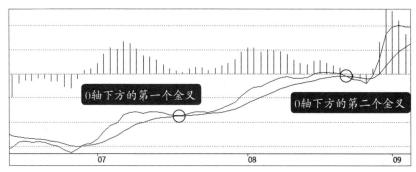

0轴下方的第一个金叉

0轴下方的第二个金叉

'07　　　　　　　　　　'08　　　　　　　　　　'09

图 3-41

顶背离是指在股价一波又一波走高的同时，MACD 指标图形上由红色柱状线构成的图形的走势一峰比一峰低；底背离是指当股价下跌时，MACD 指标图形上由绿色柱状线构成的图形的走势一底比一底高，即当股价的低点比前一次低点低时，指标的低点却比前一次的低点高。在分析顶背离和底背离时也可结合 DIFF 线和 DEA 线进行分析。

MACD 指标中若出现顶背离，则预示股价将下跌，是卖出信号，如图 3-42 所示。股价在高位时，通常只要出现一次背离的形态即可确认为股价即将反转，而股价在低位时，一般要反复出现几次背离后才能确认。鉴于这样的情况，投资者可以在每次出现顶背离时分批减仓，待出现见顶信号后，再全部清仓离场。

MACD 指标中若出现底背离，则预示股价将上涨，是买入信号，如图 3-43 所示。但是为了安全起见，当出现底背离形态时，投资者不应逐步逢低买入，而是应继续观察是否有其他见底信号，方可进行买入操作。

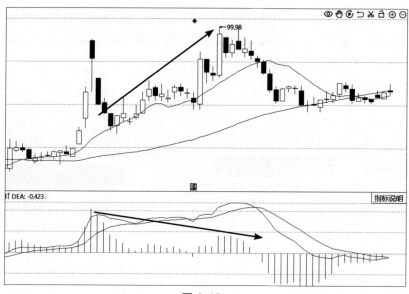

图 3-42

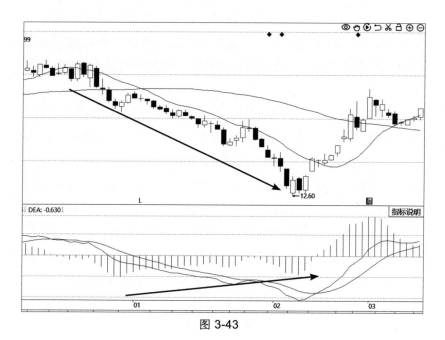

图 3-43

在实际应用中，投资者可以借助 AI 工具来分析技术指标中出现的买卖信号，具体操作如下。

步骤01 在同花顺软件中截取并保存某只股票的 K 线图和 MACD 指标图，并对指标图中的金叉和死叉进行标注，如图 3-44 所示。

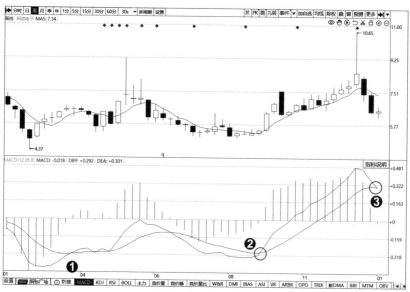

图 3-44

步骤02 在网页浏览器中打开通义千问页面，上传图 3-44，编写并提交提示词，演示对话如下。

> 👤 你是一名专业的股票分析师，你的任务是运用你的金融知识和市场分析能力回答我的问题。请你分析上传的 MACD 指标图中的买卖信号，以及对后市行情的预测。

> 🅰️ 根据你提供的图表，我们可以看到以下几点：
>
> 标记 1 处：DIFF 线从下向上穿过 DEA 线，并且 MACD 柱状图从负值转为正值，这是一个明显的买入信号。此时股价也在上升趋势中，进一步确认了买入信号。

标记 2 处：DIFF 线从上向下穿过 DEA 线，并且 MACD 柱状图从正值转为负值，这是一个明显的卖出信号。此时股价也在下跌趋势中，进一步确认了卖出信号。

标记 3 处：DIFF 线再次从下向上穿过 DEA 线，并且 MACD 柱状图从负值转为正值，这又是一个买入信号。此时股价也在上升趋势中，进一步确认了买入信号。

后市预测

基于当前的 MACD 指标和股价走势，可以做出以下预测：

短期：由于最近一次的买入信号（标记 3 处），短期内股价可能会继续上涨。

中期：需要密切关注 DIFF 线和 DEA 线的交叉情况以及 MACD 柱状图的变化，以判断是否会出现新的卖出信号。

长期：长期走势需要结合更多的技术指标和基本面分析来综合判断。

请注意，以上分析仅供参考，股市有风险，投资需谨慎。建议结合其他技术指标和基本面信息进行综合分析。

除了上面介绍的技术指标，还有类似随机指数（KDJ）指标、相对强弱指数（RSI）、布林带（BOLL）等很多其他技术指标，它们都能帮助投资者分析市场和制定交易策略，这里就不再赘述。投资者除了可以系统学习不同指标的工作原理和应用场景，还可以通过 AI 分析工具自动识别图表模式和技术指标信号，以便快速理解市场动态，并获得反馈和建议。

3.7 预测个股未来走势

目前，市面上的一些看盘软件为个股部分提供了一种辅助工具，这种工具基于历史数据和算法模型，可以帮助投资者分析股票可能的未来走势。

以同花顺软件为例，打开某只股票的日 K 线图，点击 K 线窗口右上方的"预测"按钮，如图 3-45 所示。

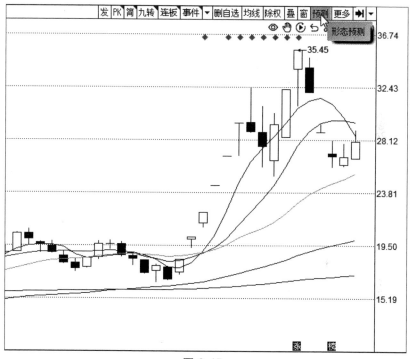

图 3-45

系统将会进行自动分析，K 线图右侧会显示"预测图 3 周期收益大于 2.0% 概率 57%"，如图 3-46 所示。

同时，软件界面中会弹出"形态预测"对话框，显示更多可设置参数，如图 3-47 所示。投资者可以根据实际需求，调整形态预测中的匹配度、匹配周期数、预测周期数、自定义周期等参数，重新预测当前股票的未来走势。

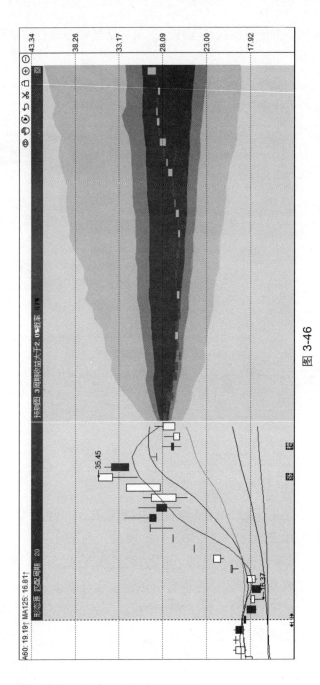

图 3-46

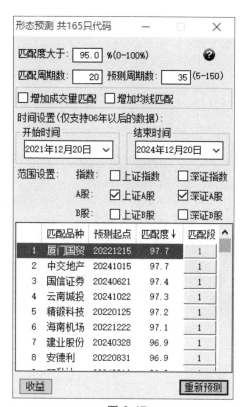

图 3-47

第 4 章

盘面洞察：
AI 捕捉市场行情

在股市的茫茫大海中航行，看盘技巧犹如灯塔，为投资者指引方向。本章将为投资者提供看盘入门指南，揭开市场的神秘面纱，使复杂的投资世界变得触手可及。本章将介绍看盘的重要时段，大盘、个股分时盘面和不同分时形态，以及如何实时盯盘，捕捉买卖信号。本章旨在带领读者理解并实践如何借助 AI 的力量提升看盘技巧，捕捉市场微妙变化，从而实现更明智的投资决策。

4.1　看盘的重要时间段

目前沪深交易所规定，每周一至周五（法定节假日除外）的 9:30—11:30、13:00—15:00 为交易时间，每天总共交易 4 小时。每日走势可分为开盘、盘中、尾盘三个主要阶段。

对投资者来说，需要重点关注的几个时段：集合竞价时段、开盘后半小时、上午休市前和下午开盘后半小时、收盘前半小时或 15 分钟。下面分别来对这几个重要的时段进行说明。

1．开盘前 15 分钟：集合竞价时段

集合竞价是多空争战的第一个回合，其意义在于买卖双方按照供求矫正股价，可初步显示多空力量的对比。短线散户应在盘前认真细致地分析集合竞价情况，一方面可较早地感知大盘当天运行趋势的某些信息，了解自己投资计划运作的背景情况；另一方面可以及早进入状态，熟悉目标股的当日第一信息，敏锐而有效地发现并且抓住集合竞价中出现的某些稍纵即逝的机会，果断出击。

所谓集合竞价就是投资者根据预测价位进行买卖申报后，交易系统对全部有效委托按最大成交量的原则定出当日开盘价的过程。沪深两市集合竞价的时间为 9:15—9:25，在开盘集合竞价时段前 5 分钟（9:15—9:20），投资者可以下单，也可以撤单，但在

集合竞价时段后 5 分钟（9:20—9:25）只能下单，不能撤单。

　　集合竞价是每个交易日第一个买卖股票的时机，这也是主力借集合竞价高开拉升或者低开打压的黄金时间。所以集合竞价是股价一天走势的预演，价量关系变化及主力进出动向都可从中察觉到，买方（卖方）在挂出买单（卖单）后，都在密切关注对方给出的价位和数量，并与自己的买卖目标价位相衡量，同时结合挂单的数量推测判断对方的真实意图。由于集合竞价时间极短，投资者必须在 10 分钟内做出决定并完成重新报价或撤单的操作。

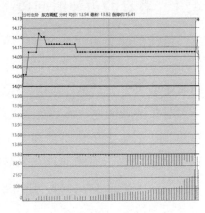

　　图 4-1 所示为某只股票某日集合竞价阶段的图表。此时可以利用 AI 工具对其进行分析和解读。

　　在网页浏览器中打开通义千问页面，上传图 4-1，演示对话如下。

图 4-1

> 👤 你是一名专业的股票分析师。你的任务是运用你的金融知识和市场分析能力，根据上传图片所示的集合竞价阶段的情况，分析并预测这只股票当天的走势。

> 🅰️ 从图中可以看到，这只股票在集合竞价阶段表现出了显著的上涨趋势。集合竞价阶段（图中左侧）价格从较低的位置迅速拉升至较高的位置，显示出开盘前市场对该股票有较强的买入意愿。集合竞价阶段的成交量也相对较大，表明市场参与度较高，买卖双方交易活跃。

具体来看，集合竞价阶段的价格从较低点快速攀升，成交量也随之放大，显示出市场对这只股票的强烈关注和买入热情。这种强劲的买盘力量通常预示着开盘后可能会有进一步的上涨动能。

总体而言，集合竞价阶段的强劲表现表明市场对该股票的看好，开盘后可能会延续这种上涨趋势。投资者应密切关注开盘后的价格走势和成交量变化，以捕捉进一步的市场信号。

2．开盘后半小时：市场情绪初步展现

开盘后半小时是指盘中 9:30—10:00，股价在这一阶段的走势往往决定了当日的走势。开盘半小时可分为三个阶段：第一个阶段（9:30—9:40），它是多空力量对比的第一站；第二个阶段（9:40—9:50），此时多空双方会对前一阶段的剧烈走势进行修正；第三个阶段（9:50—10:00），这一阶段股价走势会比较真实。开盘半小时从股价走势上可分为上涨趋势、整理趋势及下跌趋势。

3．午盘前后：市场方向可能发生变化的关键时刻

午盘前后即上午休市前和下午开盘后的各半个小时，即11:00—11:30 和 13:00—13:30 这两个时间段，临近休盘和午后复盘承前启后，为重点关注的时间段。临近休盘走势是多空双方争夺的关键点，因为中午休盘时段投资者有充裕的时间检讨前市走向，研判后市发展，做出自己的投资决策。下午复盘后的重点在于，如果有冲动性买盘进场，大势可能快速冲高，即使回落后也有向好机会，可以借机买入。如果指数几乎不动，或者轻微上攻，则可能是庄家故意拉高以掩护出货。

4．尾盘半小时：影响次日开盘的重要因素

最后要看收盘前半小时甚至 15 分钟这个时段，由于涉及日终

结算，很多机构和个人投资者会选择在此时调整仓位，因此这段时间的成交量和波动性都会有所增加。特别是最后 15 分钟的交易活动，有时会显著影响收盘价的位置，这段时间的股价变化往往对第二个交易日开盘的态势及开盘后一个小时的走势有一定的影响。对投资者来说，这种影响有时对捕捉短线买卖时机具有较大的参考价值。因此，关注收盘前的市场动态对短线操作者尤为重要。

4.2　用 AI 剖析分时盘面

分时图分为大盘分时图和个股分时图。分时图是及时把握多空力量转化的根本，在实战研判中的地位极其重要。各种盘口信息就是分时图的语言，也就是买卖信号，投资者一旦读懂了这些语言，就能准确把握当日多空双方力量的对比，研判股价短期走势，从而把握住每个短线买卖的机会。本节就来介绍分时盘面构成，并利用 AI 工具辅助解读分时图。

1．大盘分时图

大盘是个股行情的"晴雨表"。当大盘强时，个股也会十分活跃；当大盘弱时，个股往往也会偃旗息鼓。大盘分时图从动态的角度，真实且直接地记录和描述了市场的大盘走势情况，因此，对短线投资者来说，必须读懂大盘分时图中的各种信息，进而判断出大盘走势，才能在股市操作中进退自如，有的放矢。图 4-2 所示为上证指数某日的大盘分时图。

大盘分时图简称大盘指数分时图。它包括以下几个方面的内容。

（1）分时曲线

分时曲线是指每分钟的最后一笔成交价格的连线。表示大盘加权指数，即证交所每日公布的大盘实际指数。

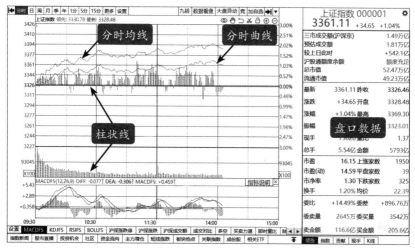

图 4-2

（2）分时均线

分时均线是指每分钟最后一笔成交的股票金额除以每分钟最后一笔成交的股票的股数。表示大盘不含加权的指标，即不考虑股票盘子的大小，将所有股票对指数的影响看作是相同的，从而计算出来的大盘指数。

投资者可从两条曲线的相互位置知道大盘股和中小盘股的强弱对比。

当指数上涨时，若分时曲线上涨速度快、上涨幅度大，而分时均线上涨速度慢、上涨幅度小，说明此时主要是大盘股在领涨。反之，则说明主要是中小盘股领涨。当指数下跌时，若分时曲线下跌速度快、下跌幅度大，而分时均线下跌速度慢、下跌幅度小，说明此时主要是大盘股在领跌。反之，则说明主要是中小盘股领跌。

若分时曲线在分时均线之上，说明在当前行情下，大盘股的走势要强于中小盘股。反之，则说明大盘股的走势弱于中小盘股。个别时候，分时曲线和分时均线会出现方向相反的走势，如果分时曲线向上涨，而分时均线向下跌，就说明大盘股涨，而中小盘跌。反之，则说明中小盘股涨，而大盘股跌。

因此，投资者可以从两条曲线的相对运动中知道，当前资金的操作要点是大盘品种还是中小盘品种，从而为自己选股提供参考。

（3）柱状线

柱状线表示每一分钟的股票成交量，单位是手，其中每手等于100股。成交量大时，柱状线就会拉长；成交量小时，柱状线就会缩短。

（4）涨跌家数

涨跌家数反映的是上涨家数和下跌家数的数量，投资者可以从中看出市场的活跃程度。当上涨家数远远超过下跌家数时，说明市场做多的气氛非常活跃，适合投资者进行短线操作；当涨跌家数持平，或者下跌家数超过上涨家数，就说明市场做空的意愿大些，不适宜短线参与。

（5）委比

委比是某只股票某时某刻委托买入下三挡手数之和与委托卖出上三挡手数之的的差值与之和的比值。当委比为正值时，表示买方的力量比卖方强，股价上涨的可能性大；当委比为负值时，表示卖方的力量比买方强，股价下跌的可能性大。

（6）涨跌幅

涨幅较大和跌幅较大的股票数量能够反映大盘气势的强弱。如果开盘15分钟内，涨幅较大的股票超过10只，而跌幅较大的股票几乎没有，说明大盘气势不错；如果涨幅较大的股票超过30只，并且还在迅速增加，说明大盘气势十分强劲，此时适合投资者做短线；跌幅较大的股票超过5只，说明大盘气势较弱；跌幅较大的股票超过20只，并且还在增加，说明大盘气势极弱，此时短线投资者最好场外观望。

在实际看盘中,可以借助 AI 工具来解读大盘分时图,具体操作如下。

步骤01 在网页浏览器中打开通义千问页面,上传如图 4-3 所示的大盘分时图。

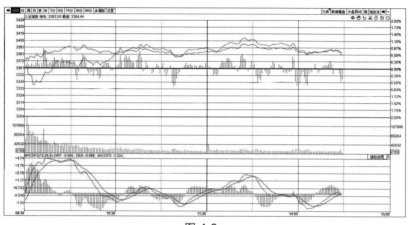

图 4-3

步骤02 在提示词输入框中编辑并提交提示词,演示对话如下。

> 👤 你是一名专业的股票分析师,你的任务是运用你的金融知识和市场分析能力回答我的问题。请你对上传的大盘分时图中的分时曲线和分时均线进行分析,为后市选股提供建议。
>
> 🅰️ 好的,让我们通过分析大盘的分时图来提取资金的操作信息,并为后市选股提供建议。我们将重点关注分时曲线和分时均线的变化。
>
> 分时曲线分析
>
> 开盘表现:开盘初期(9:30—10:00),指数快速上涨,显示出开盘阶段有较强的买盘力量。随后出现了一定程度的回调,但整体维持在高位震荡。
>
> 盘中波动:10:00—11:00期间,指数经历了小幅回调,显示出

一定的卖压。11:00之后，指数再次上行，显示出买盘力量重新占据优势。下午开盘后（13:00），指数继续震荡上行，显示出市场情绪较为乐观。

尾盘表现：尾盘（14:00—15:00）继续保持高位震荡，显示出市场对当天走势的认可。

分时均线分析

短期均线（黄色线）：短期均线在开盘初期快速上行，显示出短期内买盘力量较强。在10:00—11:00期间，短期均线有所回调，但随后再次上行，显示出买盘力量重新占据优势。

长期均线（蓝色线）：长期均线在开盘初期也快速上行，但在10:00—11:00期间有所回调。随后长期均线再次上行，显示出市场整体趋势向好。

成交量变化：开盘初期成交量显著放大，显示出资金流入明显。10:00—11:00期间成交量有所减少，显示出市场观望情绪增加。11:00之后成交量再次放大，显示出资金流入增加。

后市选股建议

大盘品种：大盘品种通常具有较高的流动性，适合在市场情绪较为乐观时介入。建议关注金融、地产等权重板块中的龙头股，这些股票通常在市场情绪好转时表现较好。

中小盘品种：中小盘品种通常具有较高的弹性，适合在市场情绪较为活跃时介入。建议关注科技、医药等成长性较好的板块中的优质个股，这些股票通常在市场情绪好转时表现较好。

总结：通过上述分析可以看出，当天市场整体情绪较为乐观，开盘初期资金流入明显，显示出主力资金进场。中午前后市场出现一定回调，显示出部分资金获利了结。尾盘继续保持高位震荡，显示出市场信心恢复。

2．个股分时图

个股分时图是把股票市场中单只股票的交易信息实时地用曲线在坐标图上加以显示的技术图形。坐标的横轴是股票交易的时间，纵轴的上半部分是股价，下半部分显示的是股票实时动态的成交量。个股分时图是股票市场现场交易的即时反映，是分时图（即时走势图）中的一种图形分类，如图 4-4 所示即为某只股票某日的分时图。

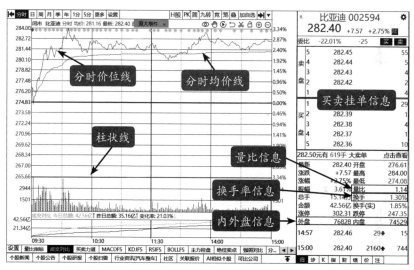

图 4-4

（1）分时价位线和分时均价线

在个股分时图中的上半部分有两条形影不离、颜色不同的曲线，分别为分时价位线和分时均价线。分时图上方会以相同颜色的名称和数值加以展示。

分时价位线表示该只股票即时成交的价格，分时均价线表示该只股票即时成交的平均价格，即当天成交总金额除以成交总股数。

一般来说，若分时价位线在分时均价线上方，说明当天买进的投资者大部分处于赢利状态，也说明股价走势较强；若分时价位线在分时均价线下方，说明当天买进的投资者大部分处于亏损状态，也说明股价走势较弱。

（2）量比信息

衡量成交量的一个重要指标就是量比，量比是指开市后每分钟的平均成交量与过去5个交易日每分钟平均成交量之比。量比可以看出相对放量程度，若量比大于1，说明当日成交量放大；若量比小于1，则表示今日成交量萎缩。

（3）买卖挂单信息

买卖挂单信息分别为买卖5档的报价和数量，如图4-5所示。

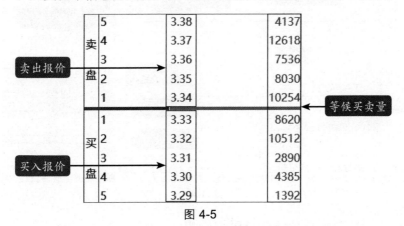

图 4-5

卖盘区中，从1到5表示依次等候卖出。按照"价格优先，时间优先"的原则，谁卖出的报价低谁就排在前面；若卖出的报价相同，谁先报价谁就排在前面，由电脑自动计算。

买盘区中，从1到5表示依次等候买进，谁买进的报价高谁就排在前面，若买进的报价相同，谁先报价谁就排在前面。如"买盘1 3.33"，表示在第一排等候买入的报价为3.33元。

4）内外盘信息

内盘和外盘的数据可以在一定程度上反映买卖双方的力量对比，但它们只是众多市场分析工具中的一部分。需要注意的是，即使有主动性卖盘，也不能简单地推断股票价格会继续上涨。实际上，大量的主动性卖盘有可能导致股价下降。

（5）换手率

换手率是指当天或者一段时间内的成交量与总流通股数的比值，反映的是股票转手买卖的频率。换手率高说明该股受到市场的关注，买卖活跃。一般而言，换手率有五种不同的情况：当换手率低于1%，就属于绝对地量，此时短线投资者最好持币观望；换手率处于5%左右，属于成交活跃，说明该股为热门股，短线投资者可积极选股买入；换手率处于10%左右，属于明显放量，若此时股价处于高位，投资者就应考虑逢高卖出；换手率处于15%左右，属于巨量水平，一般为主力资金所为，短线操作应参考股价具体价位；若换手率超过20%，属于过度放量，由于后市承接性较弱，此时不适合入场操作。

在实际看盘中，可以借助 AI 工具辅助解读个股分时图，具体操作如下。

步骤01 在网页浏览器中打开通义千问页面，上传如图 4-6 所示的某只股票的分时图。

步骤02 在提示词输入框中编辑并提交提示词，演示对话如下。

> 你是一名专业的股票分析师，你的任务是运用你的金融知识和市场分析能力回答我的问题。请根据上传的个股分时图，对这只股票进行尾盘走势分析并提供操作建议。

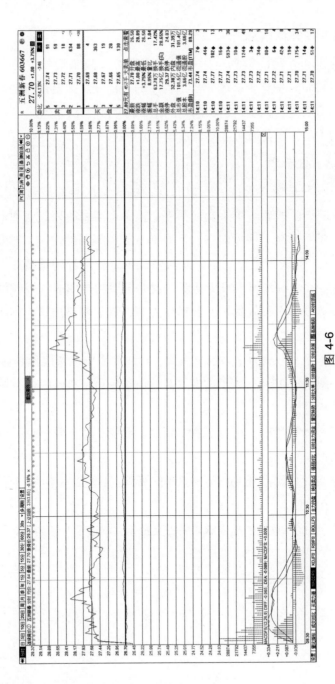

图 4-6

AI 尾盘走势分析

开盘与早盘表现：该股开盘价为27.80元，开盘后股价迅速上涨，最高达到29.37元。

随后股价有所回落，但整体维持在高位震荡。

午盘表现：午盘开盘后，股价继续维持高位震荡，波动幅度较小。在13:00左右，股价出现一波快速拉升，再次接近上午的高点。

尾盘表现：尾盘阶段，股价继续保持高位震荡，最终收盘价为27.70元，较开盘价略有下跌。成交量方面，尾盘成交量有所放大，显示出市场参与度较高。

操作建议

短线操作：如果你是短线投资者，可以考虑在尾盘阶段逢低买入，因为该股在尾盘阶段表现出较强的支撑力度。同时，设置好止损位，以防市场情绪突然变化导致股价大幅下跌。

中长线操作：如果你是中长线投资者，可以关注该股的基本面情况，包括公司的业绩、行业地位等。

目前股价处于高位，建议等待回调后再进行买入，以降低持仓成本。

风险提示：股市有风险，投资需谨慎。建议结合自己的风险承受能力和资金状况，合理安排投资计划。

注意市场情绪的变化，避免盲目追涨杀跌。

3．分时形态解读

虽然大多数时候分时线的波动形态都是看似杂乱无章的，但其实这些波动每时每刻都在暴露着股价的未来走势，也流露了主力在运作过程中的一些操作迹象。短线投资者只要熟练掌握这些比较有代表性的分时波动形态，当股价运行到某个阶段的时候，就可以很轻松地判断出市场中主力的操盘意图，从而及时、正确地抓住短线买卖的时机。

（1）快速下跌形

快速下跌形是指股价呈自由落体运动，盘中直线下跌，或者形成类似狼牙的尖角走势。此形态的市场含义是前期股价已经有大幅上涨，主力获利丰厚，于是着手出货操作。此时往往会有巨单连续出现，使得股价迅速回落，便形成了狼牙状尖角走势，如图4-7所示。

若此时股价位于高位，则后市大跌风险更大。投资者在遇到此类走势时，要谨慎操作，若获利丰厚不妨落袋为安，场外持币者则不可盲目介入。

若盘中初见股价在一个阶段高位的形态时，往往在短时间内就会有大量抛单砸出，盘中虽有多次反弹，但每次反弹都没有成交量的配合，这很有可能是庄家在拉高出货，投资者可借着反弹卖出。

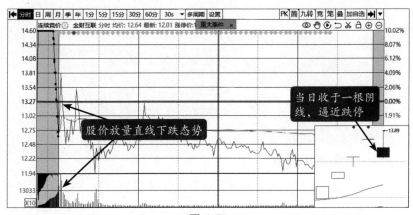

图 4-7

（2）呆滞形

呆滞形是指股价运行平直，这是因为当时的成交量严重呆滞，几分钟没有成交，便形成平直的直线，然后突然有成交单，便又形成直上直下的走势，如图4-8所示。

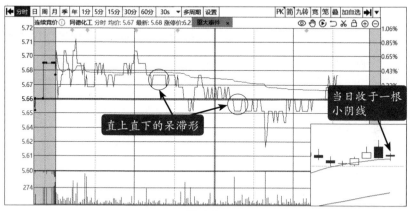

图 4-8

呆滞形走势在不同的市场环境中有不同的含义，因此对这种形态的后市研判要区别看待。若在上涨途中的回调区间出现呆滞形，那后市极有可能股价会继续上涨。因为多方筹码锁定得很稳定，基本没有筹码抛出，多方发起进攻只是时间问题。如果是在下跌或者震荡过程中出现呆滞形，后市股价将很难上涨。在呆滞形态中，除非有资金入场，将这样的状态持续下去，否则，一旦有一些筹码抛出，股价下滑就将成为必然。

在实际看盘中，还有更多、更复杂的分时形态，此处不再赘述。感兴趣的读者可以借助 AI 工具来帮助理解和学习更多分时形态相关内容，辅助投资决策。

4.3　用好短线精灵盯盘

对短线操作的投资者来说，需要能够在快速变化的盘面中捕捉短期市场机会，这就需要借助更灵活的盯盘工具来帮助交易者捕捉信息，同花顺平台的短线精灵就集成了多种技术分析手段，能够实时监控全市场的成交异动、走势异动、挂单异动，帮助用户识别潜在的买卖点，并能在第一时间发现主力资金的动作，及时推送提醒，以辅助进行高效的短线操作，具体操作方法如下。

步骤01 打开"智能→短线精灵"菜单，如图4-9所示。弹出"短线精灵"面板，单击右上角的"打开设置"按钮⚙，如图4-10所示。

图4-9

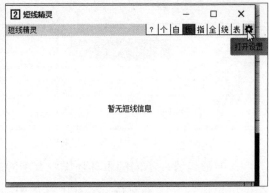

图4-10

步骤02 弹出"短线精灵设置"对话框，在"监控设置"列表中选择需要监控的数据类型，在右侧的"数据项选择"组中可以勾选多个看盘需要的条件选项复选框。这里以全部个股的"成交异动"为例进行设置，勾选"大笔买入""单笔冲涨""区间放量涨"复选框，并设置"大笔买入"的相关参数，在"剔除范围选择"下方勾选需要剔除项目的复选框，如图4-11所示，设置完成后单击"应用"按钮即可。

步骤03 返回"短线精灵"面板，可以看到面板中显示了根据数据筛选后的股票实时情况，如图4-12所示。短线投资者可以利用设置好的面板实时盯盘，有需求的用户还可以设置语音播报，即盘中有异动时实时语音播报相关内容，真正做到"眼观六路，耳听八方"。

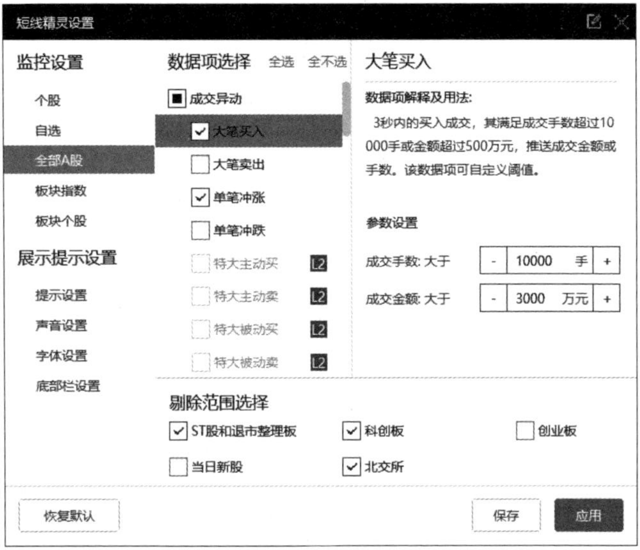

图 4-11

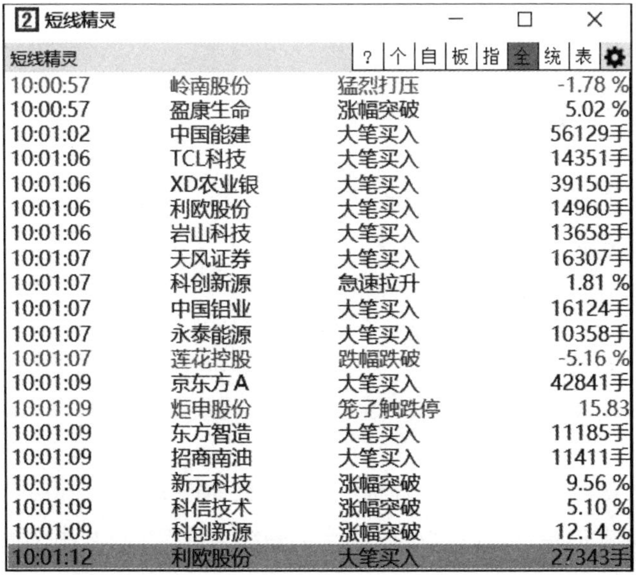

10:00:57	岭南股份	猛烈打压	-1.78 %
10:00:57	盈康生命	涨幅突破	5.02 %
10:01:02	中国能建	大笔买入	56129手
10:01:06	TCL科技	大笔买入	14351手
10:01:06	XD农业银	大笔买入	39150手
10:01:06	利欧股份	大笔买入	14960手
10:01:06	岩山科技	大笔买入	13658手
10:01:07	天风证券	大笔买入	16307手
10:01:07	科创新源	急速拉升	1.81 %
10:01:07	中国铝业	大笔买入	16124手
10:01:07	永泰能源	大笔买入	10358手
10:01:07	莲花控股	跌幅跌破	-5.16 %
10:01:09	京东方A	大笔买入	42841手
10:01:09	炬申股份	笼子触跌停	15.83
10:01:09	东方智造	大笔买入	11185手
10:01:09	招商南油	大笔买入	11411手
10:01:09	新元科技	涨幅突破	9.56 %
10:01:09	科信技术	涨幅突破	5.10 %
10:01:09	科创新源	涨幅突破	12.14 %
10:01:12	利欧股份	大笔买入	27343手

图 4-12

第 5 章

精准交易：
智能驱动投资决策

AI 技术的引入，为股票交易注入了新的活力。它不仅能够即时捕捉市场的微妙变化，提供精准的预警信号，帮助投资者在最佳时机做出入场或离场的决策，还能够通过智能化的交易方式，如双向委托和条件单设置等，极大地简化了交易流程，使投资者能够更高效地管理投资组合，实现财富的稳健增长。本章将以同花顺平台为例，介绍如何利用平台提供的多个工具实现智能化交易。

5.1 预警设置即时捕捉买卖良机

在瞬息万变的股市中，每一个细微的市场波动都可能蕴藏着巨大的机遇与挑战。为了应对复杂多变的市场环境，可以借助智能化的预警功能，事先设定一个报警条件，一旦股价或涨跌幅达到这一预设条件，程序就会自动触发报警机制，即时向用户发出提醒。通过这样的实时监控，能够帮助投资者及时捕捉到潜在的买卖信号，确保不会错过任何一个交易时机。

下面就以同花顺软件为例，通过使用它提供的智能股票预警功能来帮助股民随时了解股票的动态变化。

步骤01 单击菜单栏中的"智能"菜单，在打开的菜单中选择"股票预警"菜单命令，如图 5-1 所示。

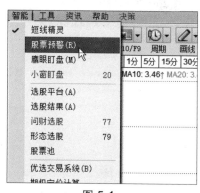

图 5-1

步骤02 弹出"股票预警"对话框，在对话框中可以看到这里还没添加任何预警信息，先单击左下角的"添加预警"按钮，如图 5-2 所示。弹出"添加预警"对话框，单击股票代码及名称文本框，输入想要关注的股票代码，如图5-3所示。

图 5-2

图 5-3

步骤03 接下来选择预警方式。以涨跌幅预警方式为例，勾选对话框中的"日涨幅超（）%股价大于6.42"和"日跌幅（）%股价小于5.80"复选框，输入涨跌值5，然后单击下方的"预警方式"按钮，如图5-4所示。在弹出的"预警方式"对话框中进一步设置预警方式，如图5-5所示，设置完成后单击"确定"按钮即可。

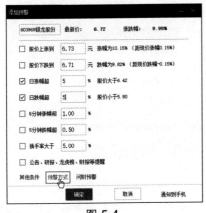
图 5-4

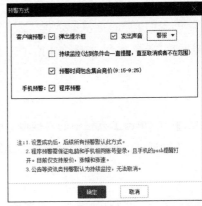
图 5-5

步骤04 返回"添加预警"对话框，单击下方的"确定"按钮，如图 5-6 所示，即可完成股票的预警设置，在弹出的"股票预警"对话框中可看到"我的预警"和"预警结果"，如图 5-7 所示。

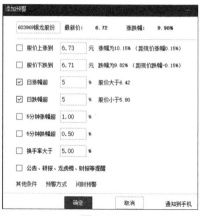

图 5-6

图 5-7

5.2 模拟实时买入和卖出股票

对股市行情进行了全面分析之后，一旦发现了具有升值潜力的个股，或者是经过评估觉得手中持有的股票已缺乏进一步升值的空间时，就可以着手进行股票的买入或卖出操作。下面以同花顺的模拟交易系统为例，详细介绍如何实时买入和卖出股票。

步骤01 单击工具栏中的"模拟"按钮，如图 5-8 所示，弹出"委托下单"对话框，系统将自动验证并填写信息，如图 5-9 所示。

图 5-8

图 5-9

步骤02 验证成功进入交易系统。如果需要买入股票，单击炒股操作列表中的"买入"选项，然后在右侧"证券代码"文本框中输入要购买的股票的代码，在下方会自动显示证券名称、买入价格、可买股数，如图 5-10 所示。

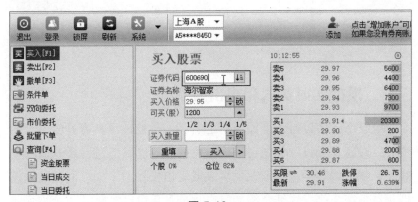

图 5-10

步骤03 接下来设置买入数量。可以直接在"买入数量"右侧的数值框中输入买入的数量，如图 5-11 所示；也可以单击数值框右侧的数值调节按钮设置买入数量，或者单击"买入数量"上方的"1/2""1/3"等仓位分配按钮，选择按半仓、三分之一仓等方式进行买入，如图 5-12所示。设置好数量后，单击"买入"按钮。

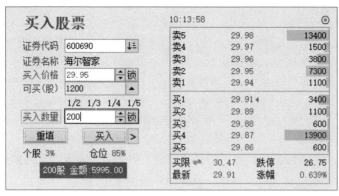

图 5-11

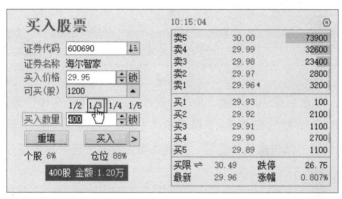

图 5-12

步骤 04 弹出"委托确认"对话框,其中显示了股票买入价格、买入数量以及预估金额等信息,单击"是"按钮,如图 5-13 所示。在弹出的"提示"对话框中单击"确定"按钮完成买入交易,如图 5-14 所示。

图 5-13

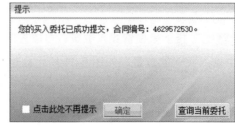

图 5-14

提 示

　　除了按数量购买外,也可以选择按金额购买。单击"买入数量"按钮,即可切换到按金额购买方式。与按数量购买不同,按金额购买只需指定想要投资的总金额,系统便会根据当前市场价格自动计算可购买的股票数量。这种方式的优点在于我们可以更直观地控制和看到需要支付的确切金额信息,有助于更好地管理投资预算。

步骤05　买入股票后,在下方的"持仓"列表中将会显示买入的这只股票信息,包括成本价、市价、盈亏等,如图 5-15 所示。

持仓(F6)	成交(F7)	委托(F8)	全撤(Z /)	撤买(X)	撤卖(C)	撤最后(G)		
证券代码	证券名称	股票余额	可用余额	冻结数量	成本价	市价	盈亏	盈亏比例(%)	当日盈亏
600519	贵州茅台	100	100	0	1546.515	1544.210	-230.470	-0.151	-238.00
600690	海尔智家	400	0	400	29.960	30.030	28.170	0.203	32.00
601963	重庆银行	1000	1000	0	9.329	9.350	21.020	0.224	30.00
汇总							-181.280		-176.00

图 5-15

步骤06　如果需要卖出股票,单击炒股操作列表中的"卖出"选项,如图 5-16 所示,然后在"持仓"列表中选中要卖出的股票,单击"证券代码"右侧的"填充代码"按钮,可直接填入当前所选股票的证券代码,如图 5-17 所示。

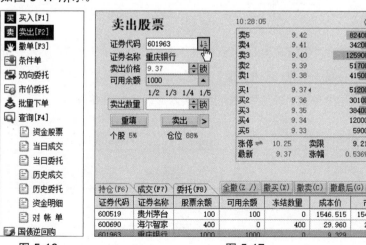

图 5-16　　　　　　　　　　　　　　　图 5-17

步骤07 填充代码后，输入需要卖出的数量，这里同样可以单击"卖出数量"上的仓位分配按钮，如单击"1/5"按钮，选择按五分之一仓的方式卖出，如图 5-18 所示，设置后再单击"卖出"按钮即可。

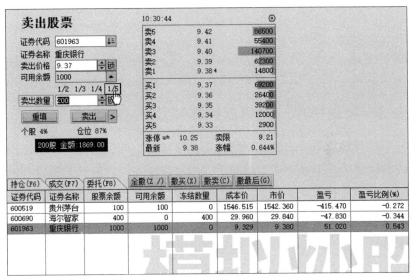

图 5-18

步骤08 弹出"委托确认"对话框，其中显示了股票卖出的价格、数量以及预估金额等信息，如图 5-19 所示。在弹出的"提示"对话框中单击"确定"按钮完成卖出交易，如图 5-20 所示。

图 5-19

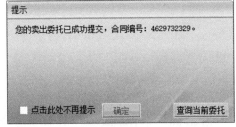

图 5-20

步骤09 卖出股票后，在下方的"持仓"列表中将会看到该只股票卖出后其股票余额发生了变化，从"1000"变为了"800"，如图 5-21 所示。

图 5-21

5.3 及时撤单，避免误操作风险

面对复杂多变的股市行情，即便是最谨慎的投资者，在操作过程中也难免会出现手误或判断失误的情况。当用户不慎下错单，或是基于错误判断而下单后，可以通过交易软件提供的撤单功能，迅速撤销那些尚未成交的委托单，从而避免不必要的经济损失。

步骤01 进入模拟交易系统，单击炒股操作列表中的"撤单"选项，在右侧列表中可以看到最近委托买入的两只股票信息，如图 5-22 所示。

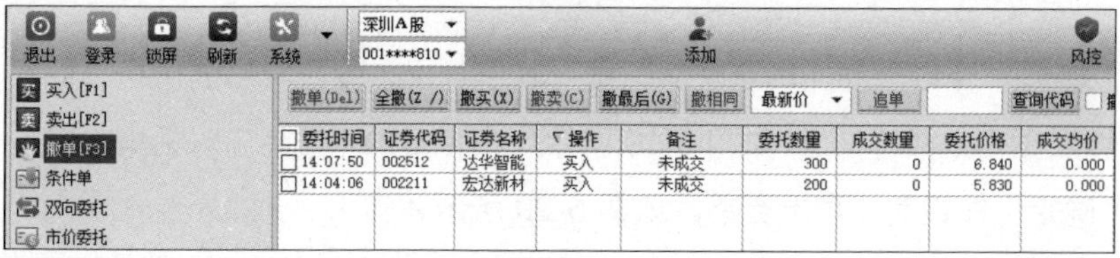

图 5-22

步骤02 在列表中勾选需要撤销的股票，然后单击上方的"撤单"按钮，如图 5-23 所示。

图 5-23

步骤03 弹出"撤单确认"对话框，如果确定要撤销买入委托，单击下方的"是"按钮，如图 5-24 所示。如果想要修改委托信息，则可以勾选"改单"复选框，撤单并以新价格委托。

撤单确认

撤单

股东账号：001****8107
证券代码：002211
委托价格：5.830
撤单数量：200（以实际撤单数量为准）

您是否确定以上撤销买入委托？

☐ 改单（撤单并以新的价格委托）

[是(Y)]　[否(N)]

图 5-24

步骤04 撤销买入委托后，返回"撤单"窗口，可以看到该窗口中不再显示已撤销委托的股票信息，如图 5-25 所示。

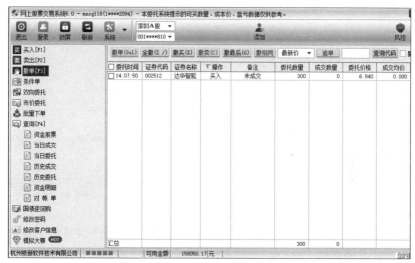

图 5-25

5.4 双向委托开启交易双赢模式

双向委托是一种交易策略，它允许投资者预先设置买入和卖出的订单，当市场价格触及这些预设的价格点时，相应的订单就会被执行。在股市上涨时，投资者可以通过买入委托获利；而在股市下跌时，则可以通过预先设置的卖出委托来锁定已有利润或有效减少潜在损失。这样的交易策略使得投资者能够在不同市场走势下都能保持一定的风险控制能力。

步骤01 进入模拟交易系统，将鼠标指针移至"持仓"列表中需要双向委托的股票上，双击鼠标左键，如图 5-26 所示，即可自动将股票代码填入上方对应的信息栏中。

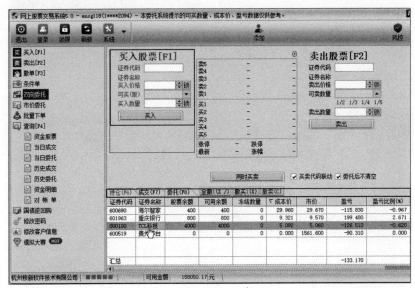

图 5-26

步骤02 首先设置买入股票的委托信息，在"买入价格"文本框中输入期望买入的价格，然后在"买入数量"文本框中输入买入的股数，如图 5-27 所示。

步骤03 接下来设置卖出股票的委托信息，在"卖入价格"文本框中输入期望止损卖出的价格，然后在"卖出数量"文本框中输入卖出的股数，如图 5-28 所示。设置完成后单击"同时买卖"按钮。

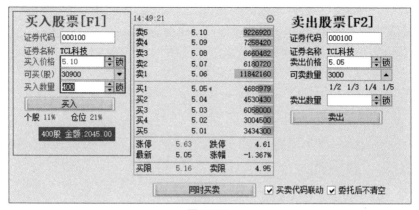

图 5-27

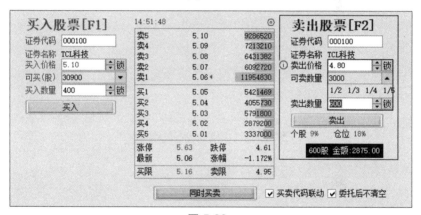

图 5-28

步骤04 弹出"委托确认"对话框，其中显示了买入价格、买入数量、卖出价格、卖出数量等信息，单击"是"按钮，如图 5-29 所示。在弹出的"提示"对话框中单击"确定"按钮，即可完成买卖双向委托，如图 5-30 所示。

提 示

设置买卖双向委托时，委托价格不能超过涨跌停价格限制，否则会出现委托提交失败的情况。

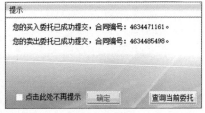

图 5-29 图 5-30

5.5 利用批量下单优化大额交易

对于资金量较大的客户，若委托数量特别大，可能会面临市场流动性不足、成交困难或滑点风险。为避免这些问题，可以利用炒股软件的批量下单功能，将订单自动拆分为较小的多笔委托，确保交易按预期价格顺利执行。这不仅能减少对市场价格的冲击，使成交价更接近当前市价，还能依据市场反馈灵活调整后续订单，优化交易质量。

步骤01 进入模拟交易系统，单击炒股操作列表中的"批量下单"选项，在展开的列表中单击"买入"选项，然后在右侧输入要批量买入的证券代码及买入数量，如图 5-31 所示。

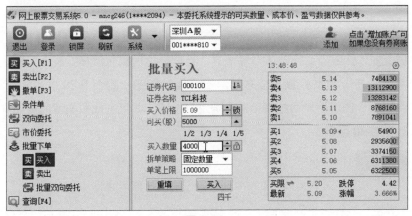

图 5-31

步骤02 单击"拆单策略"右侧的倒三角形按钮，在展开的下拉列表中选择拆单方式，例如选择"区间随机"选项，如图 5-32 所示，在下方的"单笔上限"和"单笔下限"文本框中输入区间上、下限值，如图 5-33 所示。设置后单击"买入"按钮。

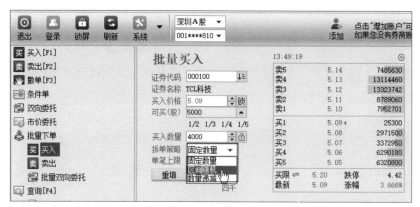

图 5-32

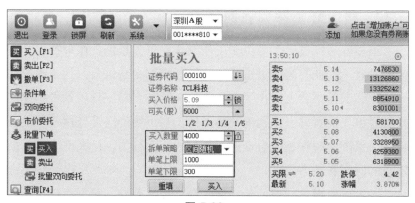

图 5-33

步骤03 弹出"委托确认"对话框，其中显示了股票买入价格、买入数量以及拆单策略等信息，确认信息无误单击"是"按钮，如图 5-34 所示。弹出"提示"对话框，单击"确定"按钮完成买入交易，如图 5-35 所示。如果查询则单击"查询当前委托"按钮。

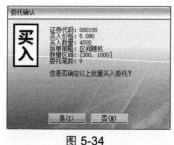
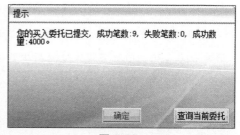

图 5-34	图 5-35

步骤04 稍等片刻，在下方的"持仓"列表中即可看到批量下单的股票信息，如图 5-36 所示。

证券代码	证券名称	股票余额	可用余额	冻结数量	成本价	市价	盈亏	盈亏比例(%)	当日盈亏	当日盈亏比(%)
000100	TCL科技	4000	0	4000	5.092	5.090	-6.510	-0.030	0.00	0.00
600519	贵州茅台	100	100	0	1546.515	1533.610	-1290.470	-0.839	-1298.00	-0.84
600690	海尔智家	400	0	400	29.960	29.510	-179.830	-1.503	-176.00	-1.47
601963	重庆银行	800	800	0	9.321	9.390	55.480	0.743	66.00	0.71
汇总							-1421.330		-1408.00	

图 5-36

5.6 利用好条件单省时省力

很多普通投资者平常由于工作或其他事务繁忙，很难抽出大量时间盯盘，因此容易错过重要的市场行情和交易机会。为了解决这一难题，交易平台上推出了条件单这一智能交易工具。条件单允许投资者事先设置好一系列的交易条件，当市场价格符合这些预设条件时，系统会根据指令自动进行相应的买卖行为，极大地节省了投资者的时间和精力。

各家券商提供的条件单功能存在一定的差异。对于不熟悉条件单的投资者，可以通过 AI 的帮助，快速了解不同类型的条件单，演示对话如下。

> 👤 你是一名专业的投资顾问，请为我介绍一些常用的条件单类型，并举例进行说明。

AI 作为一名专业的投资顾问，我深知条件单在股票交易中的重要性。以下是一些常用的条件单类型，以及相应的举例说明：

一、限价条件单

限价条件单是投资者在交易平台上预先设定的，当股票价格达到或超过（或低于）某个特定值时，自动执行买入或卖出操作的条件单。

举例：投资者预计某股票价格将上涨至15元，于是设置限价买入条件单，当股价达到15元时自动买入。

二、止损条件单

止损条件单是投资者为了限制潜在亏损而设置的条件单，当股票价格跌破某个特定价位时，自动执行卖出操作。

举例：投资者以10元的价格买入某股票，为了限制潜在亏损，设置止损条件单，当股价跌至9元时自动卖出。

三、止盈条件单

止盈条件单是投资者为了锁定盈利而设置的条件单，当股票价格达到或超过某个盈利目标价位时，自动执行卖出操作。

举例：投资者以8元的价格买入某股票，设置止盈条件单，当股价涨至12元时自动卖出。

四、网格交易条件单

网格交易条件单是一种基于价格波动的高抛低吸策略，投资者将资金分成多份，并设置一系列的价格区间。当股票价格在这些价格区间内波动时，系统自动执行买入或卖出操作，以赚取差价。

举例：投资者选择一只基本面较好、波动较高的股票进行网格交易。设置价格区间为20元至28元，以当前股价24元为基准价。每次股价下跌1元时买入一定数量；每次股价上涨1元时卖出相同数量。

这些条件单类型各有特点，投资者可以根据自己的交易策略和风险偏好来选择合适的条件单类型。同时，投资者在使用条件单时也需要谨慎，合理设置条件，避免因市场波动造成不必要的交易损失。

通义千问列出了一些常用的条件单类型及其在交易中的应用案例。接下来，我们将以设置涨跌幅条件单为例，介绍具体的操作步骤。

步骤01 打开同花顺的模拟交易系统，单击炒股操作列表中的"条件单"选项，在展开的列表中单击"涨跌幅条件"选项，如图 5-37 所示。

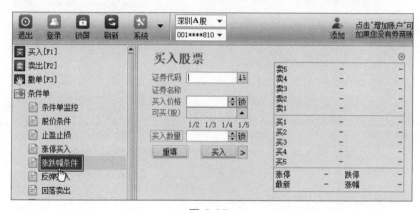

图 5-37

步骤02 弹出"涨跌幅条件"对话框，在对话框中先输入需要购买的股票代码，然后设置触发条件，例如设为日涨幅超 5%，如图 5-38 所示。设置后单击"下一步"按钮。

提 示

对相对保守的投资者而言，可以设置一个更大的涨幅阈值，确保只有在股票显示出强劲的上升趋势时才触发条件买入。这有助于确认市场动向，减少不必要的交易风险。

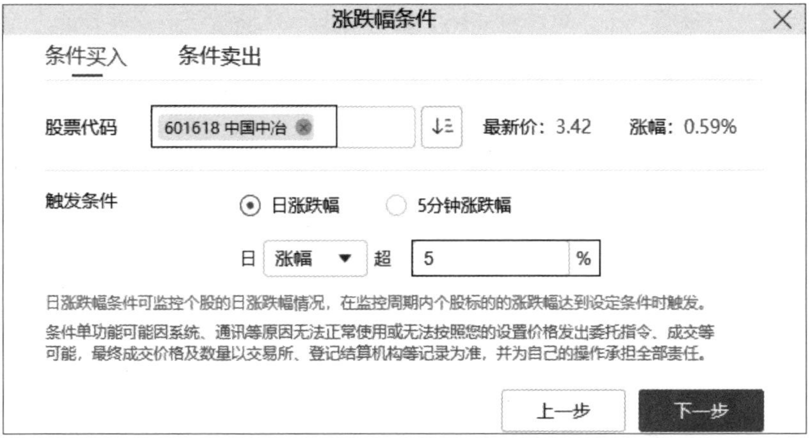

图 5-38

步骤03 继续进行委托设置。在"委托数量"右侧文本框中输入委托买入的数量,或单击"委托数量"下的"1/4"按钮,选择以指定仓位买入,如图 5-39 所示。设置后单击"下一步"按钮。

图 5-39

步骤04 接着单击"策略有效期"右侧的倒三角形按钮，在展开的下拉列表中根据需求选择一个策略有效期，如图 5-40 所示。设置后单击"下一步"按钮。

图 5-40

步骤05 在对话框中确认是否提交条件单委托，如果确定信息无误，单击"提交确认"按钮，如图 5-41 所示。弹出"提示"对话框，提示"已成功添加条件单"，单击"确认"按钮，如图 5-42 所示。

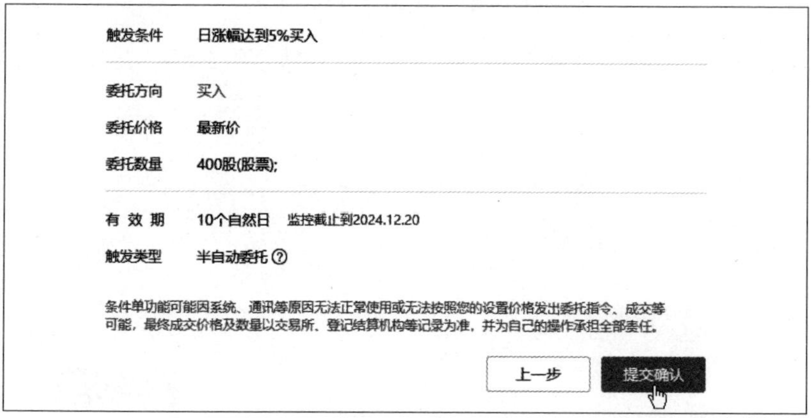

图 5-41

图 5-42

步骤06 　如果想要按跌幅条件卖出当前手中持有的股票，则需要在下方的"持仓"列表中选中需要指定条件卖出的股票，然后单击"涨跌幅条件"选项，如图 5-43 所示。

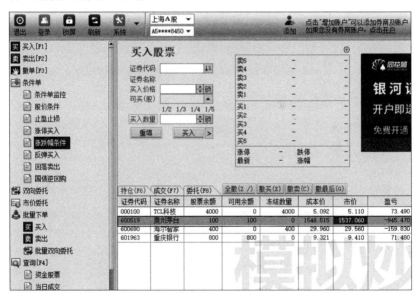

图 5-43

步骤07 　弹出"涨跌幅条件"对话框，切换至"条件卖出"界面，单击"股票代码"右侧的"填充代码"按钮，如图 5-44 所示，即可自动填入步骤 06 中所选股票的股票代码。

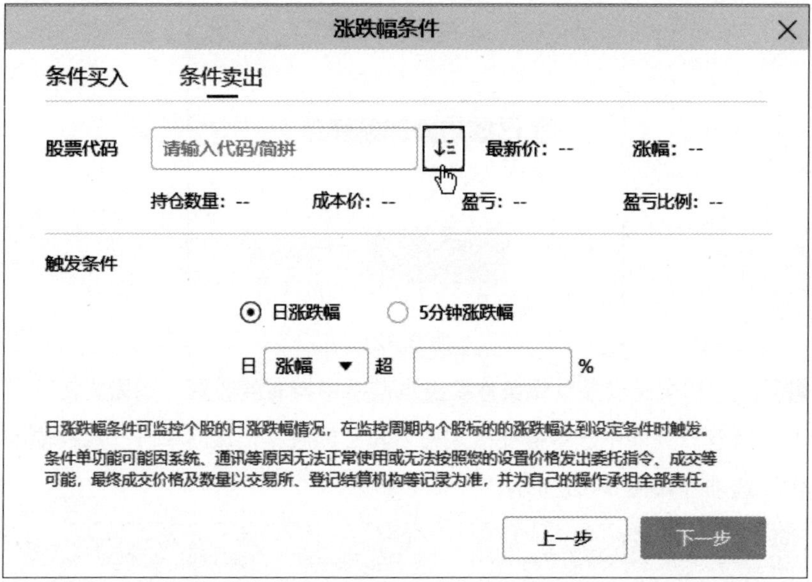

图 5-44

步骤 08 单击"日"右侧的倒三角形按钮,在展开的下拉列表中选择"跌幅"选项,如图 5-45 所示。

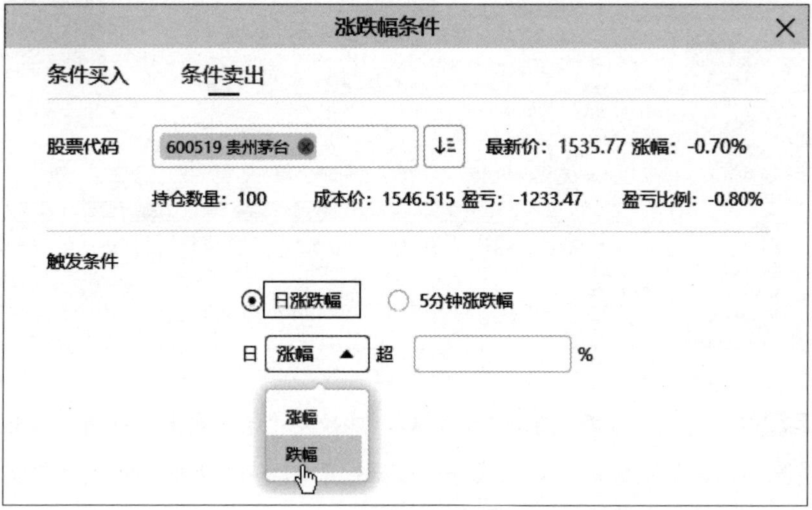

图 5-45

步骤09 在右侧的数值框中输入触发条件的跌幅值，例如设为日跌幅超 3%，如图 5-46 所示。设置后单击"下一步"按钮。

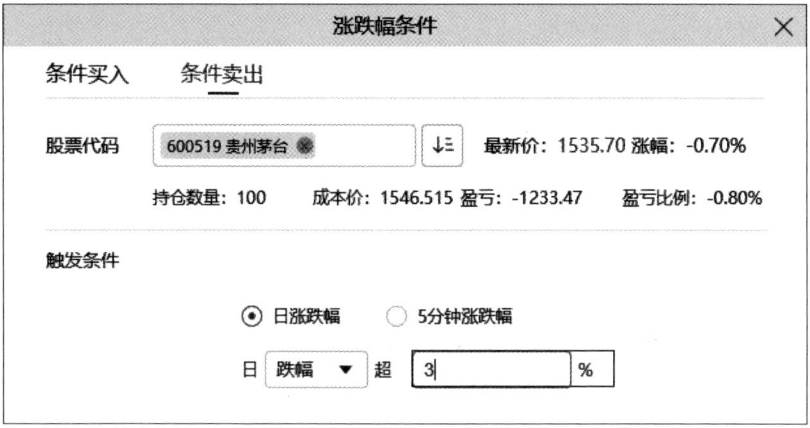

图 5-46

步骤10 假设触发条件时，需要将选中的这只股票全部卖出，可单击"委托数量"下的"1/1"按钮，选择以全仓的方式卖出，如图 5-47 所示。

图 5-47

步骤11 单击"策略有效期"右侧的倒三角形按钮，在展开的下拉列表中选择一个策略有效期，如图 5-48 所示。设置后单击"下一步"按钮。

条件买入　条件卖出

股票代码　　600519 贵州茅台 ⊛　　↓≡　最新价: 1535.06 涨幅: -0.75%

持仓数量: 100　成本价: 1546.515　盈亏: -1233.47　盈亏比例: -0.80%

委托设置　　　委托价格　最新价 ⬍ ▼

委托数量　100 ⬍ 股　可卖: 100股

1/1　1/2　1/3　1/4

策略有效期　10个自然日 ⬍ ▲　监控截止到2024.12.20

触发类型 ⑦　　1个自然日　　　全自动委托

条件单功能可能因系统、通讯等原因无　3个自然日　　的设置价格发出委托指令、成交等
可能，最终成交价格及数量以交易所　5个自然日　　，并为自己的操作承担全部责任。

10个自然日

上一步　　下一步

图 5-48

> **提　示**
>
> 　　选择策略有效期时，如果是短线交易者，期望快速捕捉价格波动带来的机会，那么选择较短的策略有效期可能更为合适，例如 1 个或 3 个自然日；对于中长线投资者，如果认为当前股价已经接近合理估值，但希望在更长的时间内等待更好的退场点，则可以选择较长的策略有效期，例如 5 个、10 个甚至 20 个自然日。

步骤12 此时对话框中会显示该笔条件单委托的各项信息，并提示"是否确认提交该笔条件单委托？"，如果确定信息无误，单击"提交确认"按钮，如图 5-49 所示。弹出"提示"对话框，提示"已成功添加条件单"，单击"确认"按钮，如图 5-50 所示。

图 5-49

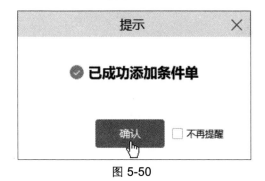

图 5-50

第 6 章

智慧投资：
巧用问财低买高卖

"低买高卖"是股票市场中最基本且广泛遵循的原则之一，其核心理念在于通过在较低价格买入资产并在较高价格卖出，从而实现利润最大化。

本章围绕这一原则，探讨了底部、顶部形态的识别，介绍了如何利用交易平台提供的智能工具实时获取和分析市场数据、历史交易及情绪，捕捉股价波动趋势，监控股价高低点，提供及时买卖信号，辅助快速决策。但需要注意的是，智能选股工具及其他 AI 工具均为辅助工具，投资者需要结合自身实际和具体市场环境灵活运用这些策略，做出明智的买卖决策，实现稳定的投资回报。

6.1 认识底部形态

底部形态是指在价格走势图表中，当市场价格经过一段下跌趋势后，在图表的相对低位形成的特定图形或模式。认识和了解 K 线图中的底部形态对投资者至关重要，因为它不仅能作为市场趋势反转的早期信号，提示潜在的买入机会，还能辅助投资者进行风险管理和决策制定，从而提升交易信心。

1. 双底（W 底）

双底即股价连续两次下跌到相近的位置后反弹，形成"W"形。从图 6-1 中标注的箭头形态看，第二次低点❶不低于第一次低点❷，且股价突破颈线位时是第一买点❸，相对激进一些的交易者会在突破颈线时进行买入操作，如果是更谨慎的交易者，可以在伴随成交量放大的交易日，即第二个买点❹进场，确定性会更强，大概率会获得后续的盈利空间。

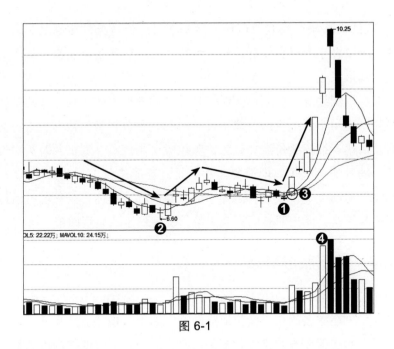

图 6-1

2. 头肩底

头肩底即股价形成一个左肩、头部、右肩的形态，其中头部是最低点，右肩比左肩略高。图 6-2 中，头部❶是底部的最低点，而右肩❹比左肩❷略高，在右肩处获得支撑，并最终突破颈线❸，恰当的买点是突破颈线后，回落支撑的位置❹，如果是更加稳健的投资者，则是考虑在突破颈线并伴随成交量的放大时❺，进场参与。

3. 圆弧底（碟型底）

圆弧底即股价逐渐下降后，在底部形成一个圆弧形，然后缓慢上升。圆弧底形态通常是大型投资机构吸货区域。由于其炒作周期长，故在完成圆弧底形态后，其涨升的幅度也是惊人的，如图 6-3 所示，在确认股价脱离圆弧区域并加速上升时是买入的时机，通常伴随着成交量成倍的放大，这个是比较确定的买入点。

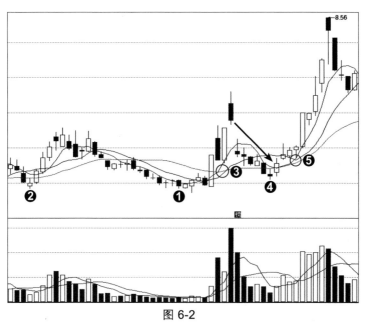

图 6-2

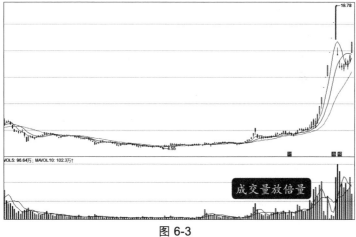

图 6-3

4. V 形反转

V 形反转即股价快速下跌后迅速反弹,形成"V"字形。市场情绪急剧转变，通常伴随成交量的突然放大❶，股价站稳新高点时❷是合适的买入点，如图 6-4 所示。

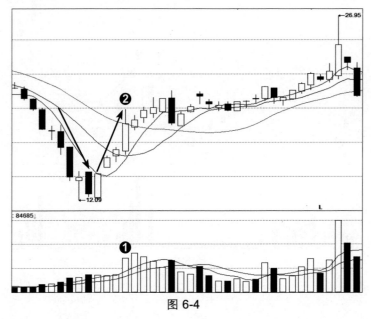

图 6-4

5. 三角形底

图 6-5 所示为某只股票的 K 线图，可以看到股价波动范围逐渐缩小，上下两条趋势线逐渐靠拢，最终股价选择向上突破，形成一个三角形。下行趋势线提供支撑❶，上行趋势线提供阻力❷，突破任一趋势线为信号。突破三角形上边界❸是适合买入的位置，如果要获取更确定性的买入时机可以在成交量放大时❹买入。

对炒股新手来说，了解和掌握不同底部形态，可以在一定程度上避免过早买入处于下跌趋势中的股票，减少资金的损失。同时，底部形态的形成往往预示着市场或个股的卖压逐渐减弱，买盘开始增强，是市场情绪从悲观转向乐观的重要信号，这也为投资者提供了更为安全的入场机会。

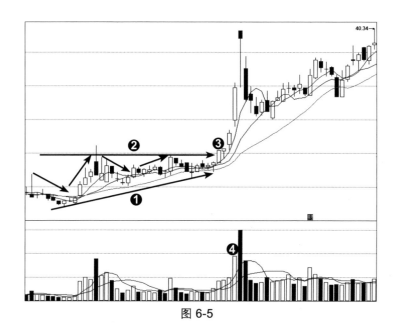

图 6-5

6.2 用问财工具筛选合适股票

对上述多种底部形态有了初步了解后，如果对如何选股仍然没有头绪，还可以通过交易平台提供的智能工具来寻找合适的股票。以同花顺的问财工具为例，投资者可以根据实际需求将 K 线和均线的特殊形态设置为限定条件，系统将自动筛选出符合条件的股票。

投资者可以对筛选出的股票做进一步分析，从而获得合适的股票和最佳买入时机。具体的操作步骤如下。

步骤 01 在同花顺软件中单击工具栏中"选股"下三角按钮，在展开的列表中单击"问财选股"命令，如图 6-6 所示。

图 6-6

步骤02 打开新页面，在页面顶部的输入框中可输入关键词以查询相应的股票，这里输入需要查找的 K 线形态“K 线十字星”，按下〈Enter〉键，如图 6-7 所示。

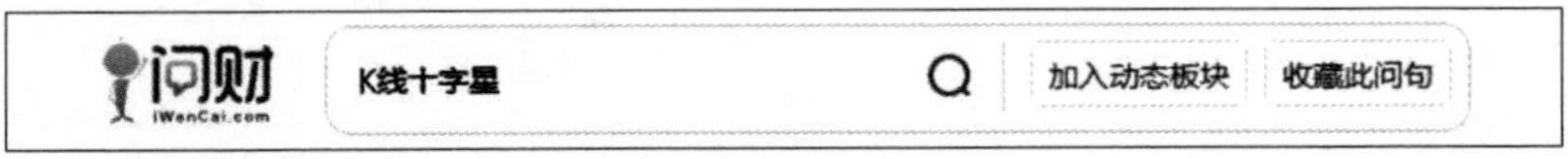

图 6-7

步骤03 此时页面中将会显示筛选出的股票形态为 K 线十字星的所有股票，如图 6-8 所示。

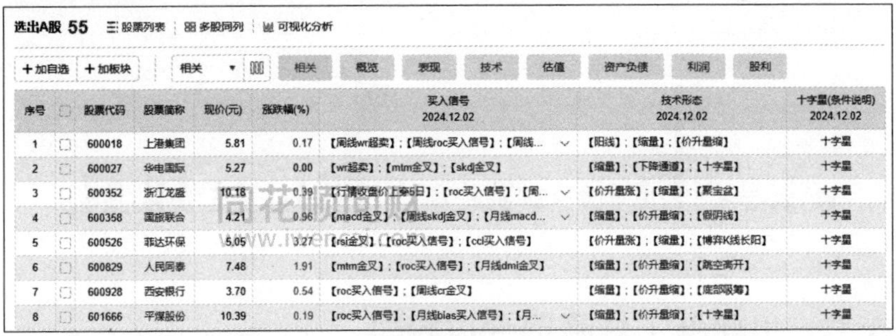

选出A股 55 股票列表 多股同列 可视化分析

序号	股票代码	股票简称	现价(元)	涨跌幅(%)	买入信号 2024.12.02	技术形态 2024.12.02	十字星(条件说明) 2024.12.02
1	600018	上港集团	5.81	0.17	【周线wr超卖】;【周线roc买入信号】;【周线...	【阳线】;【缩量】;【价升量缩】	十字星
2	600027	华电国际	5.27	0.00	【wr超卖】;【mtm金叉】;【skdj金叉】	【缩量】;【下降通道】;【十字星】	十字星
3	600352	浙江龙盛	10.18	0.39	【行情收盘价上穿5日】;【roc买入信号】;【周...	【价升量涨】;【缩量】;【聚宝盆】	十字星
4	600358	国旅联合	4.21	0.96	【macd金叉】;【周线skdj金叉】;【月线macd...	【缩量】;【价升量缩】;【假阴线】	十字星
5	600526	菲达环保	5.05	3.27	【rsi金叉】;【roc买入信号】;【cci买入信号】	【价升量涨】;【缩量】;【博弈K线长阳】	十字星
6	600829	人民同泰	7.48	1.91	【mtm金叉】;【roc买入信号】;【月线dmi金叉】	【缩量】;【价升量缩】;【跳空高开】	十字星
7	600928	西安银行	3.70	0.54	【roc买入信号】;【周线cr金叉】	【缩量】;【价升量缩】;【底部吸筹】	十字星
8	601666	平煤股份	10.39	0.19	【roc买入信号】;【月线bias买入信号】;【月...	【缩量】;【价升量缩】;【十字星】	十字星

图 6-8

步骤04 如果还想对筛选的股票添加更多限定条件，则可以在输入框中输入条件，并用逗号隔开，然后按〈Enter〉键，如图 6-9 所示。

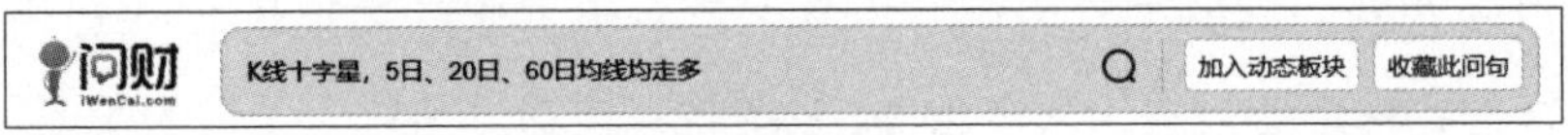

图 6-9

步骤05 页面中同样会根据添加的限定条件筛选出相应的股票，如图 6-10 所示。

选出A股 17 股票列表 多股同列 可视化分析

序号	股票代码	股票简称	现价(元)	涨跌幅(%)	买入信号 2024.12.02	技术形态 2024.12.02	十字星(条件说明) 2024.12.02	5日均线上移(条件说明) 2024.12.02	20日均线上移(条件说明) 2024.12.02	60日均线上移(条件说明) 2024.12.02
1	600829	人民同泰	7.48	1.91	【mtm金叉】;【roc买入信号】;【月线dmi金叉】	【缩量】;【价升量缩】;【跳空高开】	十字星	5日的均线上移	20日的均线上移	60日的均线上移
2	603112	华翔股份	13.45	0.67	dma金叉	【缩量】;【价升量缩】;【十字星】	十字星	5日的均线上移	20日的均线上移	60日的均线上移
3	603386	骏亚科技	13.01	-0.08	【roc买入信号】;【月线dma金叉】;【周线skd...	【缩量】;【价跌量缩】;【回调缩量】	十字星	5日的均线上移	20日的均线上移	60日的均线上移
4	603610	麒盛科技	10.26	0.20	【周线cci买入信号】;【周线wr买入信号】;【...	【缩量】;【价升量缩】;【十字星】	十字星	5日的均线上移	20日的均线上移	60日的均线上移
5	603636	南威软件	11.96	2.05	mtm金叉	【缩量】;【价跌量缩】;【回调缩量】	十字星	5日的均线上移	20日的均线上移	60日的均线上移
6	603648	畅联股份	9.82	-0.51	dma金叉	【放量】;【价跌量缩】;【十字星】	十字星	5日的均线上移	20日的均线上移	60日的均线上移
7	603657	春光科技	13.96	0.00	【月线macd金叉】;【月线wr买入信号】;【月...	【缩量】;【旗形】;【十字星】	十字星	5日的均线上移	20日的均线上移	60日的均线上移
8	002036	华特股份	8.19	0.37	【cr金叉】;【roc买入信号】	【缩量】;【价升量缩】;【十字星】	十字星	5日的均线上移	20日的均线上移	60日的均线上移

图 6-10

步骤06 如果对限定条件不是特别明确，还可以直接单击"智能推荐"组中的条件选项，添加更多条件，如图 6-11 所示。

图 6-11

6.3 利用见底或攻击形态快速选股

投资者可以充分利用交易平台提供的工具和见底或攻击形态辅助决策。下面将以同花顺平台为例，介绍具体的操作步骤。

图 6-12 所示的 K 线图展示了一个典型的"头肩底"形态，在形成"头肩底"的过程中，成交量通常在"左肩"形成时较高，在"头部"形成时较低，在"右肩"形成时再次增加。当价格突破颈线时，成交量显著增加，这是确认形态完成的重要信号，此刻就是这只股票较佳的买入点。

在实际看盘时，投资者可以利用某一段 K 线形态来查看其他拥有类似形态的股票，这一操作有助于投资者选择合适的买点。下面就以图 6-12 所示的 K 线图为例，介绍"形态选股"的具体操作步骤。

步骤01 在 K 线图中，拖动鼠标框选需要查找的形态区域，单击鼠标右键，在弹出的菜单中单击"形态选股"命令，如图 6-13 所示。

步骤02 在 K 线图中，将突出显示框选的 K 线图形态，如图 6-14 所示，弹出选股结果对话框，该对话框中会显示系统根据选中的 K 线形态筛选出的相似形态的股票，并按形态匹配度由高到低进行排列，如图 6-15 所示，这样的操作可以为投资者快速选股提供便利，进一步帮助投资者判断何时是买入时机。

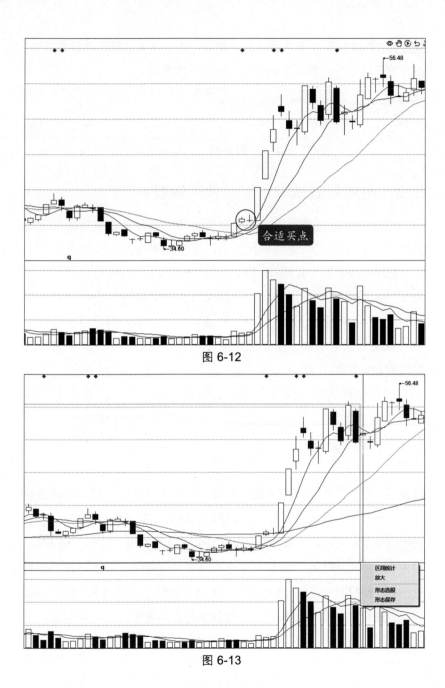

图 6-12

图 6-13

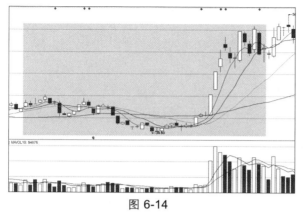

图 6-14

图 6-15

6.4 神奇 2 点半的选股买入机会

下午 2 点半开始选股是一种被许多短线投资者青睐的策略,尤其是在中国股市实行 T+1 交易制度的情况下。在下午 2 点半之后,通过查看大盘 15 分钟 K 线图,可以更清楚地了解当天市场的整体走向,进而选股买入。下午 2 点半选股有以下几点技巧。

1. 大盘趋势清晰

如果大盘呈现上升趋势且成交量逐渐放大,这可能是一个积极的信号,表明市场情绪乐观。

2. 针对个股筛选

涨幅:选择日内涨幅为 3% ~ 5% 的股票,这类股票不缺乏对市场的吸引力。

换手率:偏好那些换手率在 5% ~ 10% 的活跃股,同时关注过去 20 天内有过涨停记录的股票,因为这些股票可能有较强的资金关注度。

流通市值:倾向于选择流通市值介于 50 亿至 200 亿之间的中等规模公司,这类公司既有一定的流动性,又不容易被大资金操控。

量比：如果股票量比小于 1，则这类股票整体走势都比较弱，第二天基本是低开或者横盘的状态，所以需要选择量比大于 1 的股票。

3. 量能观察

尾盘时分，若发现某只股票的成交量突然放大，并伴随着股价上涨，则可能是主力资金入场或有利好消息发布的迹象，值得考虑买入。

4. 技术形态确认

优先选择那些日 K 线图上形成良好形态（如底部反转、突破阻力位）或者短期均线系统向好的股票。例如，60 分钟 MACD 指标出现低位金叉，可以作为买入的一个参考点。

5. 尾盘异动捕捉

对于尾盘快速拉升甚至封住涨停板的股票，特别是当它们之前处于横盘整理状态时，这种异常变动往往预示着次日有继续冲高的潜力。

6. 即时消息面监控

关注最新的财经新闻和政策动态，特别是在临近收盘时可能会发布的重要公告或数据，这对某些特定行业的股票会产生直接影响。

下午 2 点半后的选股操作不仅有助于识别出潜在的强势股，而且通过严格的选择标准和对市场趋势的把握，可以在一定程度上提升投资的安全性和成功率，在这个时间选股有以下几点好处。

降低日内风险：尾盘买入能够规避早盘可能出现的不确定性和大幅波动，减少因突发情况导致当日即被套牢的风险。

提高短线收益概率：对于擅长短线交易的投资者来说，尾盘买入可以在第二天开盘后迅速卖出获利，尤其是在市场预期较为明确的情况下。

优化决策时间：全天大部分时间内都可以用来研究和分析目标股票，等到接近收盘时再做出最终的投资决定，使得决策更加理性。

利用 T+1 规则：由于 A 股实行 T+1 交易制度，尾盘买入的股票可以在下一个交易日直接卖出，不受买入当天不能卖出的限制，灵活性较强。

跟随主力步伐：尾盘往往是机构和大户调整仓位的时间段，跟随他们的动作有时可以获得更好的入场时机。

下面具体介绍在下午 2 点半选股买入的操作步骤。

步骤01 首先打开同花顺的问财工具，在输入框中输入条件选股内容："换手率 5%～10%，涨幅 3%～5%，流通市值 50 亿到 100 亿，量比大于 1"，如图 6-16 所示。

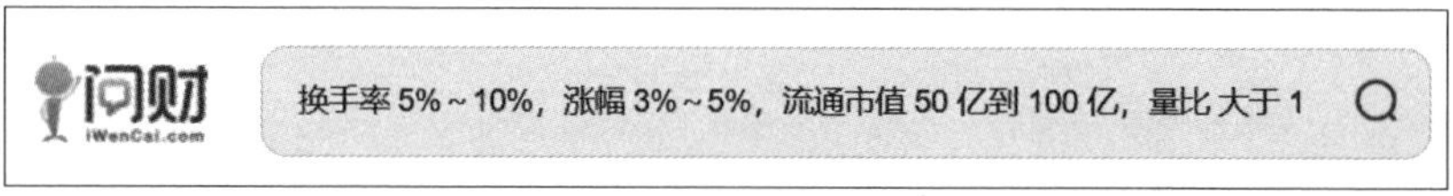

图 6-16

步骤02 页面下方即可显示根据输入的条件筛选出的多只股票，如图 6-17 所示。也可以将筛选出来的股票统一选中加入自选股备选。

步骤03 双击列表中某一股票的股票简称，即可打开该只股票的日 K 线图，切换至分时图，在图中任意位置单击鼠标右键，在弹出的菜单中执行"叠加品种→叠加大盘指数"命令，如图 6-18 所示。

步骤04 调出大盘指数是为了观察这只股票的走势是否强于大盘走势，从图 6-19 可看到，这只股票的走势明显强于大盘走势，因此这只股票是可以选择的。

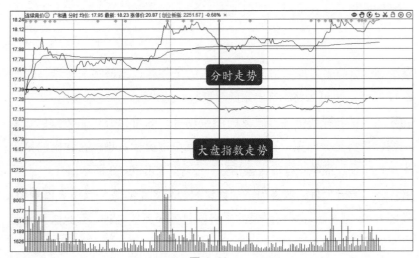

选出A股 **10** ☰ 股票列表 | ⊞ 多股同列 | ⊪ 可视化分析

＋加自选 ＋加板块 | 相关 ▼ | ⊪ | 相关 | 概览 | 表现 | 技术 | 估值 | 资产负债 | 利润 | 股利

序号	□	股票代码	股票简称	现价(元)	涨跌(元) ⑦ 2024.12.09	成交额(元) ⑦ 2024.12.09	开盘价:前复权(元) ⑦ 2024.12.09	最高价:前复权(元) ⑦ 2024.12.09	最低价:前复权(元) ⑦ 2024.12.09
1	□	603897	长城科技	27.67	0.85	5.04亿	26.00	28.05	25.81
2	□	600860	京城股份	11.71	0.51	4.42亿	11.20	12.20	11.18
3	□	002922	伊戈尔	17.44	0.76	5.55亿	16.68	17.79	16.65
4	□	300638	广和通	18.16	0.77	8.22亿	17.33	18.30	17.33
5	□	688141	杰华特	26.65	0.88	5.80亿	26.10	28.01	25.91
6	□	000600	建投能源	5.56	0.26	4.69亿	5.31	5.57	5.28
7	□	688222	成都先导	14.73	0.44	4.10亿	15.66	15.66	14.61
8	□	300328	宜安科技	9.16	0.32	4.10亿	8.71	9.25	8.65
9	□	603489	八方股份	28.27	0.97	3.69亿	26.65	28.65	26.65
10	□	002042	华孚时尚	4.85	0.16	4.40亿	4.67	5.03	4.67

图 6-17

叠加品种(L)	▶	叠加大盘指数
分钟超级盘口		叠加行业指数
选择品种(E)	Ctrl+E	叠加关联期货 ▶
持股机构(J)		叠加指定品种
所属板块(R)	Ctrl+R	删除所有叠加
多股同列	▶	
关联品种(A)	Ctrl+H	

图 6-18

连续竞价 广和通 分时 均价:17.95 最新:18.23 涨停价:20.87 [创业板指:2251.67] -0.68% ×

分时走势

大盘指数走势

图 6-19

步骤05 接着还需要观察这只股票 2 点半之后的走势是否有放量拉升，且突破当天的最高价。如果是该种走势，那么就可以考虑在 2 点半之后买入这只股票，如图 6-20 所示。

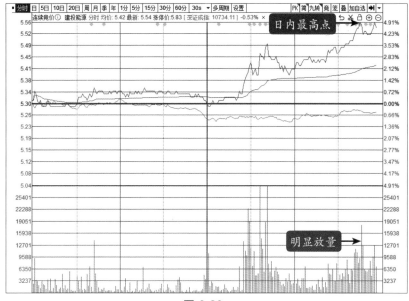

图 6-20

6.5 跟随主力买入轻松获利

很多普通投资者的期望都是可以跟随庄家一起建仓，当股票向上拉升时，可以随之获利。但是，识别庄家建仓完成并且准备要拉升某只股票，通常会有一些特定的信号出现。这些信号可以帮助普通投资者识别潜在的机会，但需要注意的是，并非所有情况下都会严格按照这些模式发展，市场是复杂且多变的。以下是一些常见的拉升前信号。

1．底部暴量

持续温和放量的过程，庄家会有几次的试盘。回踩缩量比 2∶1。

2．均线修复走平

重点关注中长期（250 日、120 日、60 日）均线有无走平。短期（5 日、10 日、20 日）均线开始走多。

3．走势独立

不受大盘和行业板块影响，庄家筹码够多，控盘力度强了，之后会进行拉升。

4．盘整时间超过半年最佳

重点在于股票流通值的大（吸收筹码时间长）与小（吸收筹码时间短）。

下面以图 6-21 所示的这只股票为例，介绍如何寻找具体的买点。这是某只股票的日 K 线图，可以看到该股票前期是属于底部长期横盘震荡的行情❶，在某一个交易日，突然放量大涨，且后期是持续温和放量的状态，回踩缩量比 2∶1❷。需要注意的是，这里的放量是前期的倍量，同时均线有从走平向走多的趋势，此时可以考虑持续关注这只股票，买入的时机则是在突破底部箱体后的回调期，且回踩颈线位不破的位置❸，从图中也可以看到这只股票后面是持续向上拉升的。

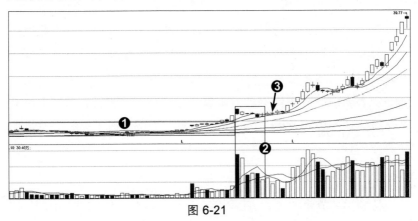

图 6-21

6.6　认识顶部形态

顶部形态是技术分析中用于识别市场或股票可能即将反转，由上升趋势转向下降趋势的图表模式。这些形态通常出现在价格达到一定高度之后，表明买方力量减弱，卖方开始占据上风。顶部的形态与底部有一定的镜像性，这里就不再一一列举图示说明。下面简单介绍几种常见的顶部形态。

1.头肩顶

由三个明显的高峰组成，中间的最高，两边较低。中间高点（头部）高于两侧高点（肩膀），随后价格跌破颈线。

2.双重顶

两个几乎等高的高点，其间有一个低谷。两次尝试达到同一水平高度失败，随后价格下跌。

3.三重顶

类似双重顶，但有三个几乎相同高度的高点。三次尝试达到同一水平高度失败，之后价格显著下降。

4.圆顶

形成一个逐渐变平的曲线，类似倒置的碗或碟子。价格上涨速度放缓，成交量减少，最终向下突破。

5.楔形顶

一系列逐步收窄的价格波动，在两条收敛的趋势线内。波动范围逐渐缩小，直到价格突破下边界。

6.旗形顶

快速上涨后的短暂整理期，形状像旗帜挂在旗杆上。整理期内价格波动较小，随后继续原有趋势或反转。

在"问财"中进行条件选股，输入提示词："近50个交易日，日K线图出现双重顶形态的股票""近20个交易日，日K线出现头肩顶形态的股票"。投资者还可以利用形态选股工具筛选出有相关形态的股票，结合历史K线图变化，对各种K线形态进行进一步的分析和学习。

6.7 利用均线识顶和逃顶

利用均线（移动平均线）识顶和逃顶是技术分析中的一种常用方法，它通过跟踪价格的长期趋势来帮助投资者识别市场的顶部，并决定何时卖出以避免潜在的损失。以下是几种基于均线的策略，可以用来识顶和逃顶。

1. 短期与长期均线交叉

金叉：当短期均线向上穿过长期均线时，通常被视为买入信号。

死叉：相反地，当短期均线下穿长期均线时，则可能预示着市场即将进入下降趋势，这是卖出或"逃顶"的信号。

操作建议：当5日或10日均线向下穿越30日、60日或更长期的均线时，这可能是市场转向的早期警告，提示投资者考虑减仓或清仓。

2. 均线系统的多头排列转为空头排列

多头排列：短期均线位于中期均线之上，而中期均线又位于长期均线之上，表示市场上升趋势良好。

空头排列：短期均线开始跌破中期均线，或者中期均线跌破长期均线，就表明上升趋势可能结束，应警惕顶部形成的风险。

操作建议：注意观察均线之间的相对位置变化，特别是当较长周期的均线也开始走平甚至向下时，这是一个强烈的逃顶信号。

在"问财"中进行条件选股,输入提示词:"近10个交易日的5日、10日均线均由多头转为空头的股票"。由于短期、中期和长期投资者需要重点查看的均线是有差异的,因此还可以结合是否出现卖出信号等其他参数进行组合提问。

3. 均线的发散与收敛

发散:如果价格远离其均线,意味着当前的价格波动较大,市场可能处于超买状态,存在回调风险。

收敛:当价格逐渐靠近均线,尤其是多个不同周期的均线趋于聚集时,这可能预示着趋势即将反转,需要密切关注后续走势。

操作建议:在均线大幅发散后,若价格开始回撤并接近均线,同时成交量萎缩,这可能是顶部形成的迹象,应该准备采取行动。

4. 布林带结合均线

布林带上轨:价格触及或突破布林带上轨,通常暗示市场处于超买状态,可能即将出现调整。

布林带宽度收缩:当布林带上下轨之间的距离缩小时,表示市场波动性降低,之后可能会有较大的波动发生,此时需留意均线方向。

操作建议:如果价格在布林带上轨附近徘徊,并且短期均线开始拐头向下,这时应该高度警觉,考虑是否要卖出。

5. 动态调整均线参数

投资者需要根据不同的市场环境和个人交易风格选择不同的均线组合(如5日/10日/20日/60日等),并且要随着市场的演变适时调整均线组合构成,以便更好地适应当前的行情特点。

6.8 遇见这几种形态果断逃顶

在股票交易中，当股票经历过大涨之后，什么时候卖出、卖出之后会不会又大涨，这是很多股民关心的问题。如何在股票高位成功逃顶获利？当出现以下这几种特殊形态时，就需要果断地逃顶卖出。下面将为大家具体分析不同形态的表现形式。

1. 单针探顶（常见形态）

单针探顶形态常常出现前期涨幅比较大之后，如图 6-22 所示，❶当日出现冲高回落的情况，出现一个长上影线，并且当日振幅超过 8%，同时伴随着巨大的成交量。当出现这种形态时，短期内可能会迎来持续大跌，需要果断卖出。

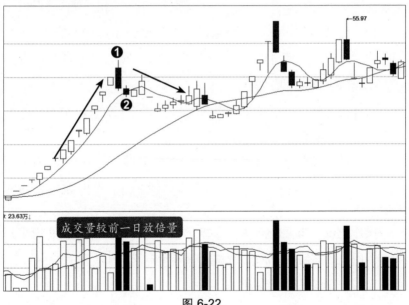

图 6-22

最佳的卖出时机是当日的尾盘，即下午 2 点半至 3 点，因为在尾盘时分已经基本能确定 K 线的完整形态，如果当日没有及时捕捉到卖出信号，至少在第二日❷的位置，也应该做出卖出操作，及时逃顶。

2. 巨量大阴线（高开低走）

巨量大阴线（高开低走）形态是指当某只股票股价在经过前期大涨后，某天大幅高开，开盘后大单猛砸形成一根巨量的大阴线，成交量是近期的最大量，如图6-23所示。当出现这种形态时，股价见顶之后将会持续下跌，卖出的最好时机也是在当日尾盘2点半至3点，及时逃顶。

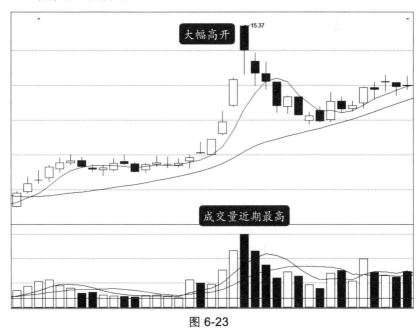

图 6-23

3. 大阴吃多K（跌破平台）

大阴吃多K（跌破平台）形态是指股价经过长时间的大涨之后，呈现高位横盘震荡整理状态❶，某日出现了一根大阴线，且将横盘整理的状态一举击穿❷，如图6-24所示。此时就需要快速离场。

虽然此时成交量没有明显放大，但因为是在箱体震荡阶段，主力已经在逐渐出货了，剩下的筹码并不多，即使这里是大阴线收场，主力也不会受到太大的影响。这种 K 线形态出现后，后续大概率会出现持续走低的过程，开启下降通道。

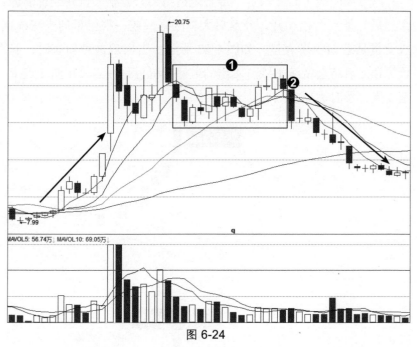

图 6-24

4. 一阴破多线（至少三根）

一阴破多线形态是指股价经过长时间的上涨之后，同样处于高位震荡整理阶段❶，在某一日出现一根大阴线，并在这一位置同时跌穿了至少三条均线（5 日、10 日、20 日、60 日均线等）❷，跌穿的均线越多，确定性越强，如图 6-25 所示。这一 K 线形态也是快速离场逃顶的一个信号，后续大概率会进入下降通道。

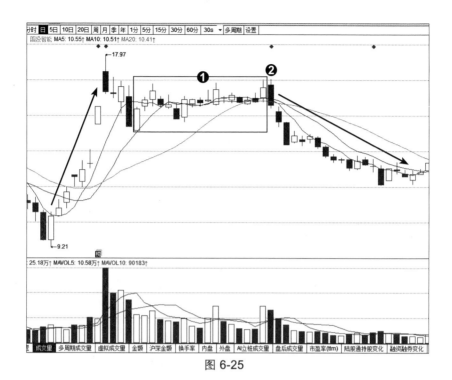

图 6-25

5. 下破上升通道下轨

下破上升通道下轨是指股价经过长时间的上涨，以一定角度形成一条上升通道❶，后续来到上涨通道的震荡阶段，某一日出现一根大阴线，在这个位置击穿上升趋势线的下轨线❷，如图 6-26 所示。当出现这种形态时，也应该果断卖出。

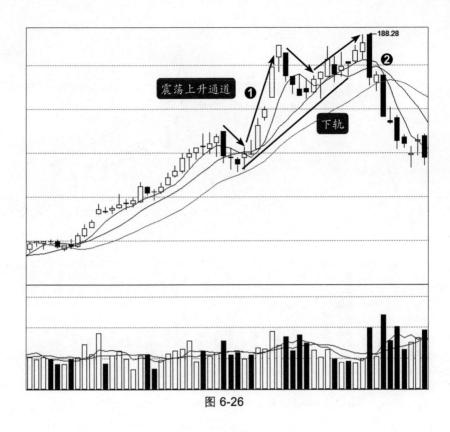

图 6-26

第 7 章

技艺精进：
AI 让老股民攀登高峰

随着实战经验的增长，投资者会逐渐从追求快速盈利转变为注重稳健增长，并且更加重视个人能力的提升和投资体系的完善。将AI技术融入传统的股票投资流程，可以发挥其在数据处理与量化分析方面的特长，帮助投资者基于数据和事实做出理性的判断和决策，减少情绪化操作，达到更高的投资境界。值得注意的是，不管多么先进的技术都有其局限性，在运用AI技术的同时要保持批判性思维，合理平衡机器智能与人类智慧的作用。

7.1 用AI工具分析宏观经济形势信息

宏观经济形势是指一个国家或全球经济的整体状况，它是决定股市整体走势的基本因素之一。投资者通过分析宏观经济形势，能够站在更广阔的视角理解当前经济环境下的投资逻辑，做出更明智的投资决策。

本节将使用通义千问的"深度搜索"模式收集和分析宏观经济形势信息。该模式支持更多内容源索引，搜索结果更加深度、专业和结构化。

步骤01 用网页浏览器打开通义千问，单击提示词输入框上方的"深度搜索"按钮，开启"深度搜索"模式，然后输入和提交提示词。演示对话如下。

> 👤 我需要你扮演一名经验丰富的股票投资人，帮我搜索2024年的中国宏观经济形势信息并进行分析，得出用于指导下一年投资的结论。要求从权威的信源获取信息，包括但不限于国家统计局、国家发展改革委、海关总署、中国人民银行等。
>
> 🅰️ 2024年的中国宏观经济形势在多个方面展现了复杂性和挑战性，同时也存在一些积极因素。以下是我根据权威信源信息

进行的分析，旨在为下一年的投资提供指导。

一、经济增长与政策支持

国家发展改革委在11月19日的新闻发布会上指出，11月和12月经济运行有望延续10月份以来回升向好的态势。这表明政府对于短期内经济复苏持有相对乐观的态度。此外，国家发展改革委还提到关于"两新"政策（即新型消费和新型投资）的支持力度将会加大，并且扩大支持范围，这预示着未来一段时间内将有更多政策出台以促进经济增长。这些政策举措可能包括对消费市场的进一步刺激以及对产业转型升级的支持。

二、消费市场与居民收入

从消费需求来看，尽管今年前几个月居民消费有所回暖，但需求不足的问题仍然存在。高盛的研究报告中指出，预计2024年实际居民消费支出增速可能会温和放缓至6.0%。这意味着消费者信心虽然正在恢复，但整体消费水平的增长速度可能不会像预期那样快。因此，在投资时需要关注那些能够受益于消费升级或结构性变化的企业。

三、投资与制造业

投资方面，尤其是制造业和基础设施领域的投资被视为支撑经济增长的重要力量。据国家发展改革委透露，已经提前下达了2025年度以工代赈中央专项投资90.5亿元，用于支持地方实施相关项目，预计将吸纳20余万名群众就业并发放超过27亿元劳务报酬。这类投资不仅有助于提高就业率，也有助于增强地方经济活力。因此，投资者可以考虑寻找与基建、公共服务相关的行业机会。

四、房地产市场

房地产市场持续面临下行压力，这对整个经济构成了挑战。

然而，随着保障性住房建设及城中村改造等措施的推进，预计房地产市场对经济的拖累程度会有所减轻。对于投资者来说，需要谨慎对待房地产相关领域，同时注意政策调整带来的影响。

五、国际贸易环境

国际贸易环境复杂多变，全球经济处于"三高两低"的态势，即高通胀、高利率、高债务、低增长、低贸易。尽管如此，中国作为一个具有竞争力的出口国，仍有可能通过出口来获取一定的增长动力。但是，外部不确定性增加意味着出口企业必须更加注重产品创新和服务质量提升以应对国际竞争。

六、结论

综合以上分析，2025年的投资策略应侧重以下几个方向：

1．消费升级：关注那些能够满足高品质生活需求的产品和服务提供商。

2．基础设施建设：寻找与国家重大工程项目相关的公司，如交通、能源等领域。

3．科技创新：重视科技驱动型企业发展，特别是那些致力于绿色低碳转型和技术革新的企业。

4．对外贸易：挑选具备较强国际竞争力且能有效应对海外市场需求变化的出口型企业。

最后，考虑到当前国内外经济环境的不确定性和波动性，建议投资者采取多元化配置策略，分散风险，同时密切关注宏观经济政策的变化及其对企业经营的影响。

步骤02 "深度搜索"模式生成的内容会以数字角标的形式标出重要信息的来源。❶将鼠标指针放在数字角标上，❷在弹出的网页预览面板

中单击 ↗ 按钮，如图 7-1 所示，❸即可在新的标签页中打开来源网页，进行信息核实或扩展阅读，如图 7-2 所示。

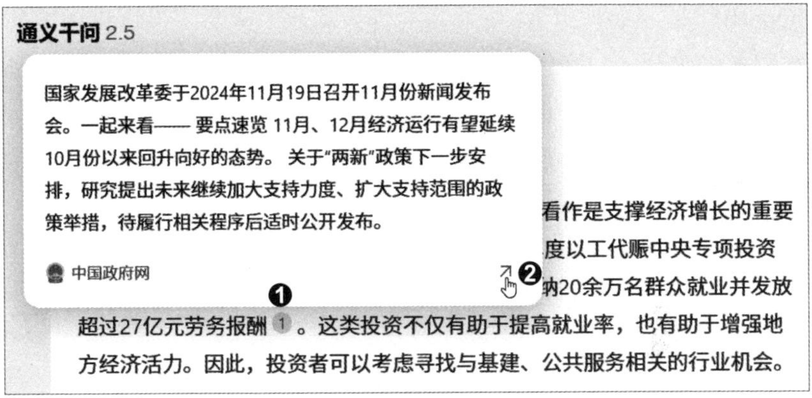

通义千问 2.5

国家发展改革委于2024年11月19日召开11月份新闻发布会。一起来看——要点速览 11月、12月经济运行有望延续10月份以来回升向好的态势。关于"两新"政策下一步安排，研究提出未来继续加大支持力度、扩大支持范围的政策举措，待履行相关程序后适时公开发布。

👤 中国政府网 ❶ ↗❷

看作是支撑经济增长的重要度以工代赈中央专项投资纳20余万名群众就业并发放

超过27亿元劳务报酬 ① 。这类投资不仅有助于提高就业率，也有助于增强地方经济活力。因此，投资者可以考虑寻找与基建、公共服务相关的行业机会。

图 7-1

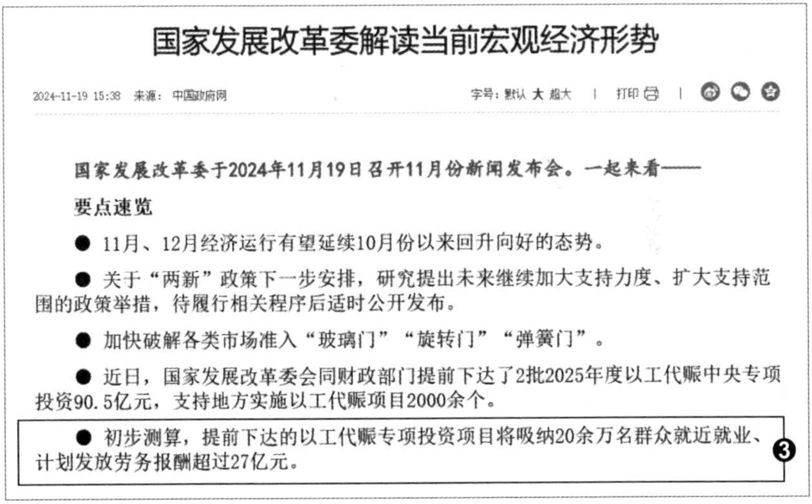

国家发展改革委解读当前宏观经济形势

2024-11-19 15:38 来源：中国政府网   字号：默认 大 超大 | 打印 🖨 | 🔵 🔵 🔵 ⭐

国家发展改革委于2024年11月19日召开11月份新闻发布会。一起来看——

要点速览

● 11月、12月经济运行有望延续10月份以来回升向好的态势。

● 关于"两新"政策下一步安排，研究提出未来继续加大支持力度、扩大支持范围的政策举措，待履行相关程序后适时公开发布。

● 加快破解各类市场准入"玻璃门""旋转门""弹簧门"。

● 近日，国家发展改革委会同财政部门提前下达了2批2025年度以工代赈中央专项投资90.5亿元，支持地方实施以工代赈项目2000余个。

● 初步测算，提前下达的以工代赈专项投资项目将吸纳20余万名群众就近就业、计划发放劳务报酬超过27亿元。❸

图 7-2

7.2 用 AI 工具分析行业发展形势信息

对股票投资者而言，了解行业发展形势可以在多个方面发挥重要作用，包括理解宏观经济环境、识别行业生命周期阶段、评估企业竞争力、管理投资风险、发现投资机会等。

本节将使用 Reportify 阅读行业研报，从而了解行业发展形势。Reportify 是一个利用 AI 技术为投资者和研究人员提供深度内容问答服务的平台。它通过分析大量的财报、研报、新闻等数据，帮助用户快速获取关键信息，提高投资决策的效率。

> **提 示**
>
> 研报是"研究报告"的简称，它是金融分析师或研究机构对特定公司、行业、市场趋势等进行深入分析后形成的书面报告，可以为投资决策提供有价值的信息和指导。

步骤01 用网页浏览器打开 Reportify 的首页（https://reportify.cc/），单击页面底部的"立即登录"按钮，如图 7-3 所示，在弹出的登录框中按说明进行登录。

图 7-3

步骤02 登录成功后，❶单击左侧的"研报"按钮，进入相应的界面，❷利用右上角的搜索框搜索关键词，如"新能源汽车"，❸设置内容类型为"行业研报"，市场类型为"沪深"，对搜索结果进行筛选，❹在筛选结果中单击想要阅读的研报，如图 7-4 所示。

图 7-4

步骤03 阅读界面会以左右分屏的形式显示研报原文和 AI 总结出的研报内容要点，如图 7-5 所示。可以看到，研报原文是用英文撰写的，AI 在总结时会自动进行翻译，为用户提供了极大的便利。

图 7-5

步骤04 ❶切换至"对话"选项卡，❷可通过输入提示词提出问题，❸AI 会基于当前研报的内容给出问题的答案，如图 7-6 所示。如果用户的问题在当前研报中找不到答案，AI 也不会自行编造，如图 7-7 所示。

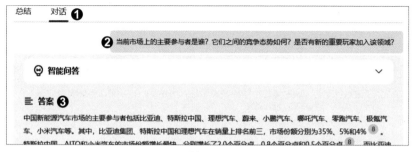

图 7-6

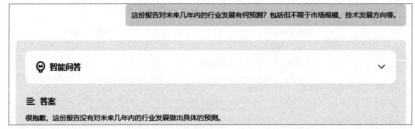

图 7-7

7.3 用 AI 工具分析上市公司财务报表

对上市公司进行全面而深入的研究是每一位投资者都应该掌握的基本功，这项工作大致分为业务、财务、资本运作、公司治理、估值等方面，其中，财务分析可以从财务报表入手。财务报表是反映公司经营成果和财务状况的重要文件，能为投资者做出理性的决策提供客观的数据支持。本节将使用高灯财务 AI 助手分析上市公司的财务报表，并给出投资建议。高灯财务 AI 助手是一款专注于财税领域的 AI 工具，它基于对话式智能输出、多模态数据抽取、文本推理等技术，为用户提供财务报告分析、文件解读、办税指南等服务。

步骤01 用网页浏览器打开高灯财务 AI 助手的首页（https://www.golcer.com/），单击"立即体验"按钮，如图 7-8 所示，进入登录页面后按说明进行登录。

图 7-8

步骤02 登录成功后，❶单击页面顶部的"文件解读"按钮，❷再单击左侧的"杜邦分析"按钮，❸然后按照页面中的说明上传事先准备好的资产负债表和利润表，如图 7-9 所示。上传的报表需满足一定的格式要求，单击"模板下载"按钮，可下载并查看参考格式。

图 7-9

步骤03 报表上传完毕后，❶单击"开始分析"按钮，❷再单击"确认"按钮，确认消耗积分，如图 7-10 所示。

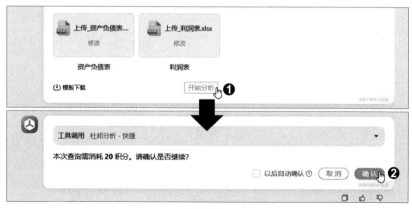

图 7-10

杜邦分析法是由美国杜邦公司开发的一种财务比率分析方法，用于评估公司的盈利能力。它通过将净资产收益率（ROE）分解成几个关键的财务指标来揭示公司如何实现其收益。这种方法有助于深入理解企业的经营效率、资产使用情况和财务杠杆的影响。

步骤04　稍等片刻，界面中会显示分析结果，内容包括指标路线图（见图 7-11）、报告总结（见图 7-12）、发展建议（见图 7-13）。

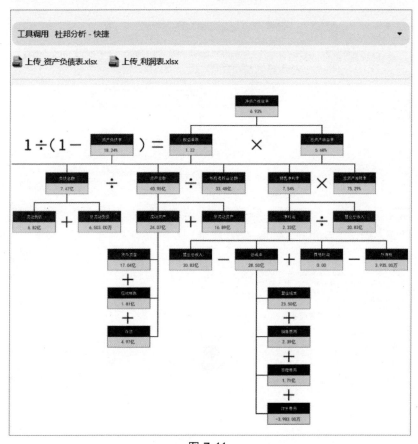

图 7-11

报告总结

根据提供的财务指标，可以得出以下几点分析和总结：

1. 净资产收益率为6.93%，表明公司每单位净资产可以创造6.93%的收益，这是一个较为可观的指标，显示公司的盈利能力较强。

2. 资产负债率为18.24%，说明公司的资产主要通过自有资金来支持，负债相对较低，这有助于降低公司的财务风险。

3. 权益乘数为1.22，表示公司的资产规模是其所有者权益的1.22倍，这表明公司在资产运营中使用了一定程度的杠杆，有助于提高资产的收益率。

4. 总资产收益率为5.68%，虽然略低于净资产收益率，但仍然表明公司有效地利用了其总资产来创造收益。

5. 公司的销售净利率为7.54%，表明公司在销售过程中能够有效地控制成本，实现了较高的利润率。

6. 总资产周转率为75.29%，说明公司的资产周转速度较快，能够有效地利用资产来创造收入。

7. 公司的流动比率较高，流动资产合计为2407000000，流动负债合计为682100000，表明公司有足够的流动资产来偿还短期债务。

综上所述，公司的财务状况良好，具有较强的盈利能力和资产运营能力，同时财务风险较低。然而，公司应该继续关注财务成本和管理费用，以确保持续的盈利能力和资产有效利用。

图 7-12

发展建议

根据以上的财务分析，公司的财务状况看起来良好，但仍有一些方面可以改进和加强。以下是一些建议：

1. 管理费用控制：尽管公司的销售净利率较高，但仍应密切关注管理费用和其他成本的控制。公司可以寻求提高效率和降低成本的方法，以进一步提高利润率。

2. 资产利用效率：虽然公司的总资产周转率较高，但仍可以寻求进一步提高资产利用效率的方法，例如优化库存管理和加强资产配置，以提高总资产收益率。

3. 持续关注财务风险：尽管资产负债率较低，公司仍应密切关注财务风险，特别是在扩大业务规模或进行投资时。公司可以考虑多样化资金来源，以降低财务风险。

4. 投资和发展：公司可以考虑进一步的投资和发展，以扩大业务规模和提高盈利能力。这可能包括新产品开发、市场扩张或并购等战略。

总的来说，公司应该继续保持良好的财务状况，并寻求持续改进和发展的机会，以确保持续的盈利能力和资产有效利用。

图 7-13

步骤05 如果想获得与股票投资相关的建议，❶可在底部的文本框中输入并提交提示词，❷AI 会给出相应的建议，如图 7-14 所示。

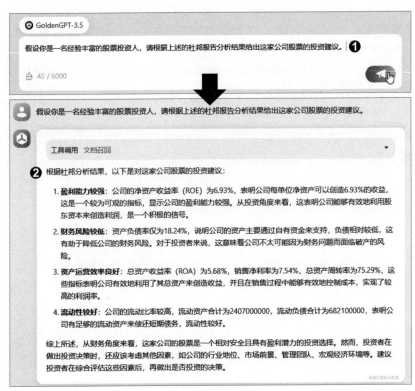

图 7-14

7.4　用AI工具观察上市公司舆情

舆情反映了市场上大部分投资者的情绪和看法，是影响上市公司股价的重要因素。当有关一家上市公司的消息得到广泛传播时，不管消息的情感倾向是正面还是负面，都极有可能导致大量投资者采取一致行动，从而影响该公司的股价。通过观察和监控舆情，投资者可以及时捕捉定性的背景信息，作为定量数据分析的有力补充，从而构建更加全面的投资视角。

本节将使用微信小程序"36氪企业全情报"获取舆情信息。这个小程序主要面向个人投资者，通过深度挖掘繁杂的互联网信息，

并利用 AI 大模型和影响力指数计算模型智能分析舆情事件，生成
A 股上市公司资讯日报和热点事件排行榜，帮助用户高效获取关键
市场情报，提升投资决策效率。

步骤01 在手机上打开微信，利用右上角的"搜索"按钮搜索并启动小
程序"36 氪企业全情报"。点击小程序界面底部的"我的"按钮，然后
按界面中的说明进行登录，以便进行订阅管理，如图 7-15 所示。

步骤02 登录成功后，❶点击界面底部的"首页"按钮，❷然后点击
"订阅"选项卡下的"新增订阅"按钮，如图 7-16 所示。

步骤03 进入"新增订阅"界面，❶在搜索框中输入并搜索公司名称、
股票简称或股票代码，❷在搜索结果中点击某一家上市公司名称右侧
的"订阅"按钮，如图 7-17 所示。

图 7-15

图 7-16

图 7-17

步骤04 在弹出的"订阅成功"对话框中点击"知道了"按钮，完成订
阅，如图 7-18 所示。随后小程序会在指定的时间段向用户推送所订阅
公司的舆情日报，并在微信中进行通知提醒。

步骤05 所订阅的日报可能不会立即显示，我们可以先浏览推荐的日报。

❶切换至"推荐"选项卡，向下滚动内容列表，❷点击感兴趣的日报，如图 7-19 所示，即可开始阅读日报的内容，如图 7-20 所示。

| 图 7-18 | 图 7-19 | 图 7-20 |

"36 氪企业全情报"提供的舆情日报主要由当日股票交易数据、股价变动的舆情原因分析、近期相关事件全网影响力排名、舆情事件对股价的整体影响总结等部分组成。其中，股价变动的舆情原因分析还包含事件概况、事件正负面性质分析、渠道传播分析、事件影响分析、股价影响趋势分析等，不仅有文字，还有图表，内容十分丰富。由于本书篇幅有限，这里不做详细展示，读者可自行体验。

7.5 用 Trade Ideas 优化交易策略

Trade Ideas（https://www.trade-ideas.com/）是一个功能全面的美股情报平台，其先进的统计分析和形态识别工具能够实时监控各大市场的交易动态，帮助不同风险偏好与风格的投资者发现潜在的盈利机会。该平台众多功能中最大的亮点就是 AI 交易助手 Holly，下面对其进行简单介绍。

Holly 专为向高级客户提供实时股票建议而设计。它通过分析历史数据来进行学习，并始终秉持理性、精准的交易风格。它拥有超过 60 种经过精心设计和严格验证的交易策略，并提供包括入场价位、止损位、目标价位在内的实时交易信号，用户能够实时查看它的交易活动，包括进出时机及成功率。Holly 每天通常执行 5 ～ 25 笔交易，所有仓位均在当天平仓，避免了隔夜风险。为了确保交易策略的一致性和可靠性，Holly 仅使用自己内部的策略进行交易，并且这些策略不对外开放定制服务。

Holly 的基本工作原理如图 7-21 所示。Holly 每晚都会对 60 多个交易策略进行全面回测，寻找优化空间。例如，如果发现价格超过 20 美元的股票在某一特定策略中表现不佳，它会移除这一价格范围内的股票并再次测试，看看该策略的表现是否有所改善。对所有其他参数也会重复相同的过程，直到该策略的回测表现达到最优。接下来，Holly 会分析整体市场趋势，结合最新的市场信息，从众多策略中挑选出次日最有可能盈利的方案。用户可以在每个交易日的早晨查看这些精选策略，跟随 Holly 的脚步参与市场交易。

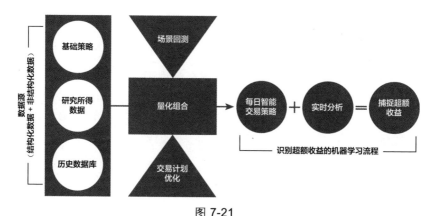

图 7-21

7.6 用 SignalStack 构建自动化交易

SignalStack（https://signalstack.com/）是一个自动化股票交易平台，它能够捕获来自信号源（如 TrendSpider）的交易警报，并将其直接转换为连接到券商或交易所（如 Ameritrade）的执行订单，如图 7-22 所示。

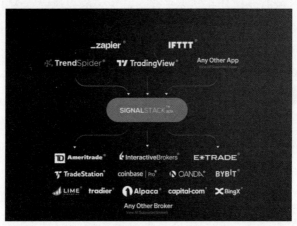

图 7-22

SignalStack 可与目前几乎所有的金融市场图表分析平台无缝对接，并支持通过网络钩子（Webhook，一种允许不同应用程序或服务之间进行数据交换的通信机制）发送的警报。无论是单个交易警报还是完整的交易策略，SignalStack 都能实现自动化交易。用户不需要编写代码，只花几分钟就能完成交易规则的配置。

SignalStack 几乎涵盖了所有类型的金融产品，包括加密货币、股票、期货、外汇等，甚至支持期权交易。SignalStack 还支持多种订单类型，如市价单、限价单、止损单、卖出平仓单、限价止损单等，可满足不同的交易需求。其订单执行快速且可靠，订单发送到券商的时间不超过 0.45 秒，服务可用性高达 99.99%，确保了交易的稳定性和效率。

总体来说，SignalStack 可以简化交易流程，帮助投资者专注于策略制定，而不用担心执行细节。

7.7 用 Tickeron 实现 AI 量化交易

Tickeron（https://tickeron.com/）是一个综合性的金融信息和资产管理平台，其创始团队由多名数学博士和量化交易专家组成，致力于构建能够在股票市场及其他市场中可靠地识别形态和预测趋势的 AI 交易工具。下面简单介绍一下该平台的主要 AI 工具。

1. AI 投资顾问（AI Robots）

Tickeron 目前提供 3 款 AI 投资顾问，覆盖了不同层次投资者的需求。

第 1 代 AI 投资顾问主要提供交易信号，包括统计数据、已平仓交易的记录、针对未平仓交易的实时警报等，帮助用户时刻掌握市场动态。

第 2 代 AI 投资顾问具备先进的资金管理能力。用户可以根据自己的券商账户情况轻松调整交易余额，确保始终有足够的资金进行交易。

第 3 代 AI 投资顾问允许用户查看并复制来自 Tickeron 自身券商账户的交易，跟随专业团队的操作进行投资。

每一代 AI 投资顾问都包含多个使用不同交易策略的 AI 机器人，如图 7-23 所示。

2. 形态搜索引擎（Pattern Search Engine）

形态搜索引擎是专为形态交易开发的 AI 工具。用户只需选择想要追踪的特定形态（部分形态见图 7-24），该引擎就会扫描整个市场以找到该形态及买入 / 卖出的信号，并提供突破价位、预测目标价位、置信度等统计数据。

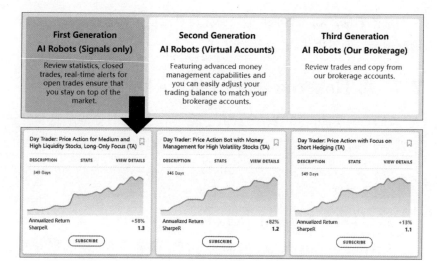

图 7-23

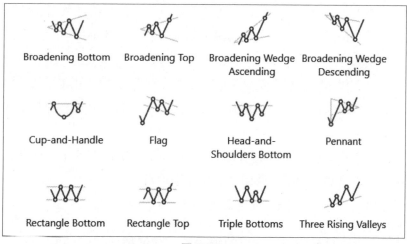

图 7-24

3. 趋势预测引擎（Trend Prediction Engine）

趋势预测引擎是专为趋势交易开发的 AI 工具，可预测某只股票在未来一周或一个月内的价格走势，如看涨、横盘、看跌等，如图 7-25 所示。

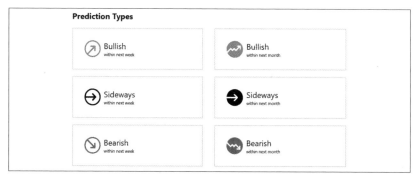

图 7-25

7.8　自编代码打造个性化交易策略

每位投资者有着不同的投资目标、风险承受能力和市场见解，传统的通用交易策略难以兼顾这些个体差异，因此，有经验的投资者都倾向于定制个性化的交易策略，以便根据个人的投资偏好精确地调整参数和规则，灵活地适应市场变化。

打造个性化交易策略有多种方式，其中，自编代码在定制化程度、自动化程度、灵活性、适应性、透明性、可控性、可扩展性和集成性等方面都有较显著的优势。当然，这种方式的实现流程也比较复杂，本节将选取其中的数据收集与分析环节，通过一个实战案例进行讲解，为读者提供初步的入门引导。

该案例的目标是对指定股票的相关新闻进行简单的舆情分析，主要流程包括收集和处理新闻数据、判断新闻对股价的影响倾向、对数据进行可视化等。选取的编程语言和编程环境组合是 Python 和 JupyterLab。

> **提　示**
>
> Python 和 JupyterLab 在量化金融和数据科学领域都非常受欢迎。Python 语法简洁明了，易于上手，并且拥有丰富的开源库（包括机

器学习和深度学习框架）和活跃的开发者社区，可以加速开发过程。JupyterLab 提供了一个交互式的开发环境，允许用户运行小块代码片段，并即时而直观地查看结果。由于篇幅有限，本书不介绍 Python 和 JupyterLab 的安装、配置和基本操作，感兴趣的读者可以自行查阅相关的书籍和资料。

步骤01 本案例的核心难点是判断新闻对股价的影响倾向，这属于自然语言处理中情感分析的范畴。在过去，情感分析主要依赖基于规则的方法和传统的机器学习方法。如今，AI 大语言模型可以更加准确和智能地完成情感分析，降低了实现复杂应用的门槛。在代码中调用 AI 大语言模型需要用到 AI 大语言模型的 API（Application Programming Interface，应用程序编程接口），本案例选择的是讯飞开放平台提供的星火大模型 API 中的 Spark Lite，该 API 可以免费使用，虽然限制了调用频率，但是对于本案例的少量文本处理来说绰绰有余。用户需要开通 Spark Lite API，登录控制台（https://console.xfyun.cn/app/myapp）后，❶创建新应用，❷完成实名认证，❸并为该应用领取 Spark Lite API 的无限量 token，如图 7-26 和图 7-27 所示。操作过程比较简单，这里不做详述。

图 7-26

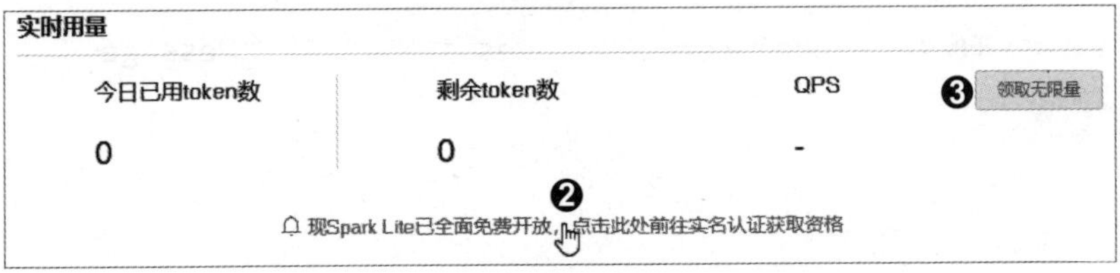

图 7-27

步骤02 接着安装代码中要用到的 Python 第三方库。安装命令如下：

```
1    pip install akshare
2    pip install spark_ai_python
3    pip install pandas
4    pip install matplotlib
```

第 1 条命令安装的是 AKShare 库。借助这个库，用户不需要编写复杂的爬虫代码，就能方便地爬取多种财经数据，涵盖股票、期货、基金、外汇、债券等金融产品的基本面数据、实时和历史行情数据、衍生数据等。本案例将使用该库爬取指定股票的新闻数据。

第 2 条命令安装的是讯飞星火大模型接入库。这个库是讯飞开放平台为了方便用户调用星火大模型 API 而开发的。

第 3、4 条命令安装的是 pandas 库和 matplotlib 库。pandas 库用于完成数据的清洗、格式转换、汇总统计，matplotlib 库则用于完成数据的可视化。

步骤03 完成上述准备工作后，就可以开始编写代码了。先导入所需的库，相应代码如下：

```
1    import re
2    from time import sleep
3    from sparkai.llm.llm import ChatSparkLLM, Chunk-
     PrintHandler
4    from sparkai.core.messages import ChatMessage
5    import akshare as ak
6    import pandas as pd
7    import matplotlib.pyplot as plt
```

第 1 行代码导入 Python 内置的 re 库，用于通过正则表达式提取数据。

第 2 行代码从 Python 内置的 time 库中导入 sleep() 函数，用于暂停程序的运行，以控制调用 API 的频率。

第 3、4 行代码用于从讯飞星火大模型接入库中导入调用 API 所需的类。

第 5 ～ 7 行代码用于导入 AKShare 库、pandas 库和 matplotlib 库。

步骤 04　然后创建一个自定义函数，用于通过 API 返回指定新闻标题的影响倾向。相应代码如下：

```
1   def news_mood(news_title):
2       SPARKAI_URL = "wss://spark-api.xf-yun.com/
        v1.1/chat"
3       SPARKAI_APP_ID = "08××××××××"
4       SPARKAI_API_SECRET = "MT××××××××"
5       SPARKAI_API_KEY = "b0××××××××"
6       SPARKAI_DOMAIN = "lite"
7       spark = ChatSparkLLM(
8           spark_api_url=SPARKAI_URL,
9           spark_app_id=SPARKAI_APP_ID,
10          spark_api_key=SPARKAI_API_KEY,
11          spark_api_secret=SPARKAI_API_SECRET,
12          spark_llm_domain=SPARKAI_DOMAIN,
13          streaming=False,
14      )
15      content = f"""
16      假设你是一位资深的舆情分析师，请你按照我给出的示
        例，判断一条新闻标题对一家上市公司股价的影响倾向。
```

影响倾向只能为"正面""负面"或"中性"，输出影响
倾向时不要包含其他额外信息。

17　以下是一个示例：

18　新闻标题：比亚迪领跑！新能源车销量火爆

19　影响倾向：正面

20　以下是需要你判断的新闻标题：

21　新闻标题：{news_title}

22　"""

23　messages = [ChatMessage(

24　　　role="user",

25　　　content=content

26　)]

27　handler = ChunkPrintHandler()

28　result = spark.generate([messages], call-backs=[handler])

29　result = result.generations[0][0].text

30　pattern = r"(正面|负面|中性)"

31　match = re.search(pattern, result)

32　if match:

33　　　result = match.group(1)

34　else:

35　　　result = "出错"

36　sleep(1)

37　return result

　　第 1 行代码定义了函数的名称为 news_mood，该函数只有一个
参数 news_title，代表要判断的新闻标题。

　　第 2 行代码用于给出 Spark Lite API 的请求地址，其他版本大

模型 API 的请求地址可前往文档（https://www.xfyun.cn/doc/spark/
Web.html）查看。

第 3 ～ 5 行代码用于给出调用 Spark Lite API 的秘钥信息，可
在控制台（https://console.xfyun.cn/services/cbm）中获取，如图 7-28
所示。每个用户的秘钥信息都是不同的。

图 7-28

第 6 行代码用于给出 Spark Lite API 的 domain 值，其他版本大
模型 API 的 domain 值可前往文档（https://www.xfyun.cn/doc/spark/
Web.html）查看。

第 7 ～ 14 行代码用于对 API 进行初始化。

第 15 ～ 22 行代码用于构造要提交给 API 的提示词。

第 23 ～ 29 行代码用于提交提示词，并从 API 返回的数据中提
取 AI 大语言模型生成的回答。

第 30 ～ 35 行代码用于从 AI 大语言模型生成的回答中提取需
要的判断结果。AI 大语言模型的工作机制具有一定的随机性，并
不能始终一丝不苟地遵循提示词的要求，其生成的回答中难免会有
额外的内容，给数据的结构化带来困扰。为了解决这一问题，这段
代码使用正则表达式（第 30 行）从回答中提取"正面""负面""中
性"这 3 个词中的任意一个词，并提供了一定的错误处理机制。

第 36 行代码用于让程序暂停 1 秒，这是因为 Spark Lite API 的
调用频率限制为每秒 2 次。

第 37 行代码将提取的判断结果作为函数的返回值。

步骤 05 完成自定义函数的创建后，开始爬取新闻数据并判断其影响倾向。相应代码如下：

```
1   stock_news_em_df = ak.stock_news_em(symbol=
    "000858")
2   stock_news_em_df["发布时间"] = pd.to_datetime(arg=
    stock_news_em_df["发布时间"], format='%Y-%m-%d
    %H:%M:%S')
3   stock_news_em_df["发布日期"] = stock_news_em_df
    ["发布时间"].dt.date
4   stock_news_em_df["影响倾向"] = stock_news_em_df
    ["新闻标题"].apply(news_mood)
5   stock_news_em_df = stock_news_em_df[["新闻标题",
    "发布日期", "影响倾向"]]
```

第 1 行代码使用 AKShare 库的 stock_news_em() 函数针对指定股票从东方财富网爬取最近的 100 条新闻数据。参数 symbol 用于给出股票代码，可根据需求修改。如果要爬取其他数据，可阅读 AKShare 库的文档（https://akshare.akfamily.xyz/data/index.html）。

第 2 行代码使用 pandas 库的 to_datetime() 函数将"发布时间"列的数据类型转换为日期时间型。

第 3 行代码从"发布时间"列中提取日期数据，存入"发布日期"列。

第 4 行代码调用前面创建的 news_mood() 函数，对"新闻标题"列中的数据进行判断，并将判断结果存入"影响倾向"列。

第 5 行代码用于从数据中选取有用的 3 列。

这段代码运行后所得数据如图 7-29 所示。

	新闻标题	发布日期	影响倾向
0	五粮液000858.SZ)发布中期利润分配预案,拟10派25.76元、合计派发现金红利100亿元	2024-11-29	正面
1	五粮液: 拟向全体股东每10股派现金红利25.76元	2024-11-29	正面
2	五粮液: 2024年中期拟每10股发红利25.76元	2024-11-28	正面
3	五粮液拟每10股派息25.76元 现金红利总额达100亿元	2024-11-28	正面
4	五粮液将于12月31日召开股东大会	2024-11-28	正面
...	...	...	...
95	扬"和美"之帆 远航秘鲁 五粮液深度参与2024年APEC工商领导人峰会系列活动	2024-11-17	正面
96	财报透视	五粮液前三季度营利创新高, 但增长失速, 合同负债同比增长近八成	2024-10-31	负面
97	五粮液发文炮轰线上平台售假背后: 酒企和平台矛盾日趋显化	2024-11-14	负面
98	打假! 五粮液"炮轰"电商平台	2024-11-14	负面
99	深沪北百元股排行榜	2024-11-29	中性

图 7-29

步骤06 完成数据的获取和判断后，进行数据的汇总统计。相应代码如下：

```
1  stock_news_em_pt = stock_news_em_df.pivot_ta
   ble(values="新闻标题", index="发布日期", columns="
   影响倾向", aggfunc="count", fill_value=0)
2  stock_news_em_pt = stock_news_em_pt[["负面", "中
   性", "正面"]]
```

第 1 行代码使用 pandas 库的 pivot_table() 函数创建数据透视表，值字段为"新闻标题"，行字段为"发布日期"，列字段为"影响倾向"，汇总方式为计数，缺失值填充为 0。运行后所得数据如图 7-30 所示，这样便统计出了近期每一天中不同影响倾向的新闻数量。

第 2 行代码用于调整统计结果中列的顺序，使其符合大多数人的阅读习惯，运行结果如图 7-31 所示。

影响倾向 发布日期	中性	正面	负面
2024-10-30	0	3	1
2024-10-31	1	3	1
2024-11-01	0	5	0
...	...	...	...
2024-12-04	1	0	1
2024-12-05	1	1	2
2024-12-06	0	1	0

图 7-30

影响倾向 发布日期	负面	中性	正面
2024-10-30	1	0	3
2024-10-31	1	1	3
2024-11-01	0	0	5
...	...	...	...
2024-12-04	1	1	0
2024-12-05	2	1	1
2024-12-06	0	0	1

图 7-31

步骤07 最后，通过绘制图表对统计结果进行可视化。相应代码如下：

```
1  plt.rcParams["font.sans-serif"] = ["Source Han Sans SC"]
2  plt.rcParams["axes.unicode_minus"] = False
3  plot = stock_news_em_pt.plot(kind="bar", stacked=
   True, color=["green", "grey", "red"], figsize=(14, 6))
```

第 1、2 行代码用于进行字体的相关设置，以避免图表中出现乱码。

第 3 行代码用于将统计结果绘制成堆积柱形图，以便直观地观察新闻数量所反映的市场情绪变化，如图 7-32 所示。

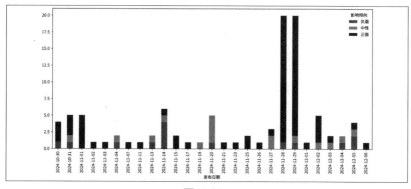

图 7-32

第 8 章

资金透视：
AI 监控资本流动

对于许多投资者来说，主力资金似乎是股市动荡的罪魁祸首，但是如果能洞察主力资金的动向，了解主力资金坐庄的整个过程和操作手法就能与主力资金双赢。所以不但要选好庄，还要学会跟庄，跟上庄家的操盘节奏，正所谓"庄家吸货我观看、庄家拉升我介入、庄家洗盘我不理、庄家出货我先跑。"跟庄的过程中可以使用 AI 工具辅助监控主力资金的流向和提供更加精准和实时的分析，帮助投资者更好地理解和掌握主力资金的操盘节奏。

8.1　揭秘主力资金

主力资金这个神秘群体历来都是投资者关注的焦点，因为在普通投资者眼中，主力资金似乎无所不能，他们拥有雄厚的资金、灵通的内幕消息，可以在股市中呼风唤雨，操控股价的起起落落。本节就首先来揭秘主力资金的本质。

1. 何谓主力资金

主力资金是在股票市场中具备一定资金实力的机构或个人，单独或联合买进一只或数只股票的一定筹码，在法律许可的范围内，根据自己的意志，通过操纵股价的涨跌，实现一定差额利润甚至是超额利润的投资者。

从主力资金的定义可以看出，主力资金和中小散户的最大区别就是主力资金对股价未来走势的不确定因素具有驾驭能力，或者说能够化解、引导或改变股价走势的不确定性，而中小散户投资者则不具备这种能力。

主力资金是以众多中小散户为对手、以盈利为唯一目的。主力资金的梦想就是"通吃"，性格是"狡猾"，爱好是"掠夺"对手，本性是"残酷"，习惯是"不遵守游戏规则"，最擅长的是"耍阴谋诡计"。

2. 主力资金的优势与劣势

投资者如果要想与主力资金共舞，首先就要了解主力资金的优势和劣势，知道自己与它的差距在哪里，这样才能在实战中避其锋芒，发挥自己的长处，从而取得最终胜利。

优势：主力资金之所以能在坐庄过程中屡屡获胜，究其原因，主要是由于主力资金具有很强的优势，主要表现在六个方面：资金优势、人才优势、信息优势、成本优势、技术优势及公关优势。

劣势：任何事情都有其两面性，虽然主力资金集众多优势于一身，但这些优势很多时候却成为它在博弈中致命的软肋。劣势主要表现在三个方面：不能快进快出、资金成本高、容易留下技术面痕迹。

8.2 主力资金的分类

主力资金通常指的是在股票市场中具有较大影响力的资金，它们的交易行为可以显著影响股价和市场走势。主力资金的队伍越来越庞大，但不论其如何庞大，基本上都能归为四类，每一类都有其特点。下面就来介绍这四大类的详细内容。

1. 业内主力资金

业内主力资金指的是证券公司与证券金融公司，或是与证券业有密切关系的人，包括公司负责人、大股东、重要经营者及各类职员。他们利用职务之便炒作股票。股市中出了名的庄家约 70% 都跟证券公司有关，换言之，有七成庄家是业内主力资金。

2. 市场人士型主力资金

市场人士型主力资金指的是具有专业知识或对股市颇有研究的一些中、大户，主要包括证券从业者，上至董事长、总经理，下至营业员。这些人颇具资金实力，消息灵通，也具备一些专业知识。

3. 大股东型主力资金

大股东型主力资金指的是上市公司的重要股东，包括董事会成员及公司重要经理人员。这类人了解自己公司的情况，所以炒作自己公司的股票非常容易。他们经常违反证券法"禁止内线交易"的规定，不当公布或不公开资讯、违法侵占公司资财、不法买卖材料或成品等，最终达到牟取不法利益的目的。他们若要炒作自己的股票，会事先不声不响地通过各种人头户逢低买进，有时还会发布一些对公司利空的消息来打压股价，以便低价吃进筹码，待时机成熟后，配合公司即将实施的利多消息，一举将股价猛烈炒高。

4. 超级主力资金

超级主力资金指的是那些资金实力雄厚、背景和人际关系都很强大且名望很高的投资人。超级庄家除了动用的资金额非常大外，其炒作手法与一般庄家也有些不同之处，那就是他们炒作的时间比较长，对一只股票的炒作采取分段实施策略。

8.3　通过成交量的变化判断主力动向

通过成交量的变化来判断主力动向是技术分析中的一种常用方法。成交量可以提供关于市场参与者买卖意愿的重要信息，这一点对试图捕捉大额投资者（如机构投资者或主力资金）行为的分析师来说尤为重要。当股价在低位时出现显著放量，并且伴随着股价的上涨，这往往表明有主力资金正在吸筹。如果成交量突然放大，尤其是在股价相对低位或者高位时，可能意味着主力资金在进场或出货，如图 8-1 所示。

打开通义千问，单击提示词输入框左侧的上传按钮⬆，在展开的列表中单击"上传图片"菜单命令，上传图 8-1，并在提示词输入框中输入下列文字："请您作为一名股票分析师，解读一下上传的这只股票怎样用成交量看出主力资金的动向。"如图 8-2 所示。

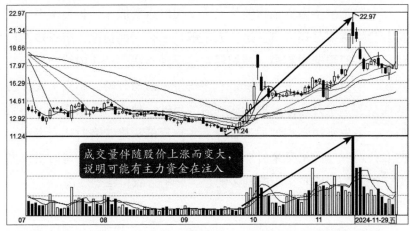

图 8-1

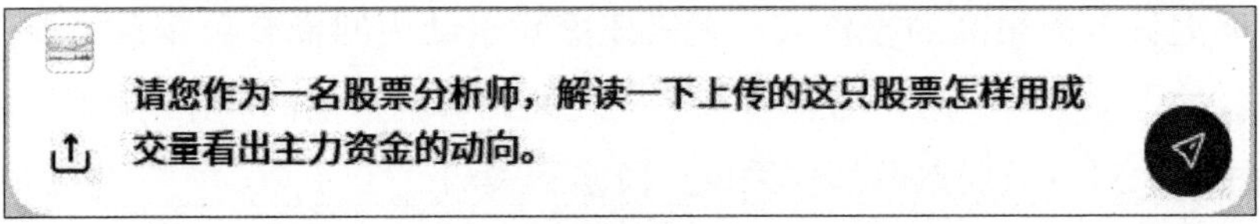

请您作为一名股票分析师，解读一下上传的这只股票怎样用成
交量看出主力资金的动向。

图 8-2

通义千问的回复如下所示。

AI 要通过成交量来判断主力资金的动向，可以从以下几个方面
进行分析：

1. 成交量放大与股价走势

成交量放大且股价上涨：这通常表明主力资金在积极买入，
推动股价上涨。图中可以看到，在10月初，成交量明显放
大，且股价随之上涨，这可能是主力资金介入的信号。

2. 成交量缩小与股价走势

成交量缩小但股价上涨：这可能表明主力资金在控盘，市场
抛压较小，股价在主力资金的控制下稳步上涨。图中在10月

中旬，成交量有所缩小，但股价仍在高位震荡，这可能是主力资金在控盘。

成交量缩小且股价下跌：这可能表明市场缺乏活跃度，主力资金可能在观望或等待时机。图中在11月初，成交量缩小，且股价有所下跌，这可能是主力资金在观望。

3．成交量与均线的关系

成交量放大且股价突破均线：这通常表明主力资金在推动股价突破关键阻力位，进入新的上涨阶段。图中可以看到，在10月初，成交量放大，股价突破多条均线，这可能是主力资金介入的信号。

成交量缩小且股价在均线附近震荡：这可能表明主力资金在洗盘或吸筹，等待时机再次拉升。图中在11月中旬，成交量缩小，股价在均线附近震荡，这可能是主力资金在洗盘或吸筹。

4．成交量与价格背离

成交量放大但股价未明显上涨：这可能表明主力资金在吸筹，但尚未完全控制市场。图中在10月初，成交量放大，但股价并未明显上涨，这可能是主力资金在吸筹。

成交量缩小但股价仍在高位：这可能表明主力资金在控盘，市场抛压较小。图中在10月中旬，成交量缩小，但股价仍在高位，这可能是主力资金在控盘。

总结

主力资金介入的信号：在10月初，成交量明显放大，且股价随之上涨，这可能是主力资金介入的信号。

主力资金控盘的信号：在10月中旬，成交量缩小，但股价仍在高位震荡，这可能是主力资金在控盘。

主力资金观望的信号：在11月初，成交量缩小，且股价有所下跌，这可能是主力资金在观望。

8.4　通过北向和南向资金了解主力动向

北向资金和南向资金动向是反映中国大陆与香港之间资本流动的重要指标，它们各自代表着不同方向的资金流动。通过观察北向资金和南向资金的动向，投资者可以获得关于主力资金动向及市场行情的重要线索。这些资金流动不仅反映了两地市场的相对吸引力，也揭示了投资者情绪和市场预期的变化。

本节将探讨如何利用这两种资金流来洞察和分析主力资金动向及市场行情趋势。

1. 北向资金

北向资金指的是从香港股市流入中国大陆 A 股市场的资金，包括港资及通过沪港通、深港通机制进入 A 股市场的外资。

（1）影响因素

市场情绪：北向资金的投资动向常常成为市场关注的焦点，对投资者的情绪产生一定影响。

宏观经济环境：如中美利率差异、人民币汇率变动等都会影响北向资金的流向。

政策导向：例如中国内地的货币政策调整，如降息降准，以及国际政治经济形势的变化，也会影响北向资金的选择。

（2）近期趋势（截至 2024 年 12 月 10 日）

根据最新的数据，北向资金在最近一段时间内出现了小额流出的情况，表明外资对中国 A 股市场的短期态度可能趋于谨慎。具体而言，在近期某个交易日中，北向资金净卖出 6.8 亿元人民币，其中沪股通净卖出 33.96 亿元，而深股通则净买入 27.16 亿元。

2. 南向资金

南向资金是指从中国大陆流入香港股市的资金，通常指通过港股通渠道投资于港股市场的内地资金。

（1）影响因素

寻找价值洼地：当港股相对于 A 股出现估值优势时，南向资金往往会增加配置，寻求相对便宜的投资机会。

避险需求：在全球风险偏好下降的情况下，部分资金可能会选择流动性较好且估值合理的港股作为避风港。

行业偏好：根据历史数据，南向资金倾向于增持互联网、医药生物等行业，同时也存在对于"爆雷"地产股和网红股的投机性投资。

（2）近期趋势（截至 2024 年 12 月 10 日）

近期数据显示，南向资金保持了一定程度的净买入状态，净买入额为 29.06 亿港元。这表明尽管面临外部的不确定性，内地投资者仍然看好某些港股的投资价值，特别是资讯科技业、能源业等领域。

3. 对比分析北向资金和南向资金

共同点：两者都是衡量跨境资本流动的关键指标，反映了两地市场之间的相互联系和投资者信心的变化。

区别：北向资金更多受到国际市场波动的影响，而南向资金则更侧重于内地投资者对海外市场的机会捕捉；此外，两者在不同行业的增减持行为上也可能表现出不同的倾向。

`步骤01` 以同花顺软件为例，在同花顺首页中单击"陆港"按钮，打开陆港通首页，单击"资金分析"标签，可以查看北向资金和南向资金的资金流向分析图，如图 8-3 所示。

`步骤02` 打开通义千问，单击提示词输入框左侧的上传按钮，在展开的列表中单击"上传图片"菜单命令，上传图 8-3，并在提示词输入框中输入下列文字："请您作为一名股票分析师，对上传图片中北向资金和南向资金的资金流向进行分析。"如图8-4所示。

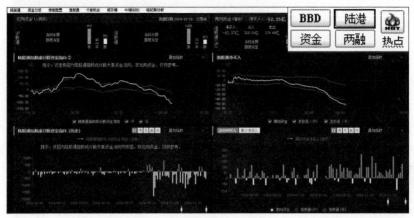

图 8-3

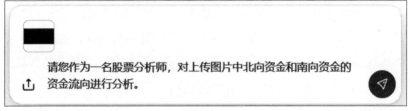

图 8-4

通义千问的回复如下所示。

AI 要解读这张图中的北向资金和南向资金的资金流向，我们可以从以下几个方面进行分析：

北向资金（沪股通和深股通）

涨跌情况：

沪股通：涨351家，平40家，跌959家。

深股通：涨323家，平33家，跌1085家。

资金流向：

沪股通：净买入-42.37亿。

深股通：净买入-9.87亿。

历史净买入：

图表显示了历史净买入情况，可以看到在某些时间段内，北向资金有明显的流入和流出。

南向资金（港股通）

涨跌情况：

港股通（沪）：涨128家，平28家，跌391家。

港股通（深）：涨128家，平28家，跌391家。

资金流向：

港股通（沪）：净买入-52.25亿。

港股通（深）：净买入-9.87亿。

历史净买入：

图表显示了历史净买入情况，可以看到在某些时间段内，南向资金有明显的流入和流出。

总结

总体来看，北向资金在当天有明显的流出，沪股通和深股通的净买入均为负值。历史净买入图表显示，北向资金在某些时间段内有明显的流入和流出，但总体趋势并不明显。

南向资金在当天也有明显的流出，港股通（沪）和港股通（深）的净买入均为负值。历史净买入图表显示，南向资金在某些时间段内有明显的流入和流出，但总体趋势也不明显。

8.5　用鹰眼工具识别盘中主力动向

同花顺的"鹰眼盯盘"工具是专为投资者设计的一款功能强大的辅助决策系统，它能够帮助用户识别盘中主力动向、捕捉市场机会，并提供实时监控和预警服务。通过鹰眼盯盘可以关注主力净流入、超大单净流入、大单净流入、中单净流入和小单净流入等。

投资者可以根据自己的投资策略或关注的行业，选择需要监控的股票列表。为其设定特定的盯盘条件，可以有效监测股价异动、成交量变化、主力流入与流出等情况，这有助于及时发现主力可能的动向。下面将介绍如何利用鹰眼盯盘工具观察主力资金操盘动向。

步骤01 在同花顺首页界面中单击菜单栏中的"智能"菜单，在展开的列表中单击"鹰眼盯盘"命令，如图 8-5 所示。

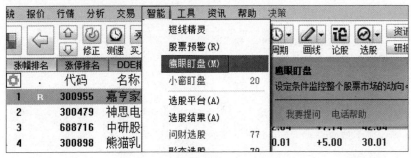

图 8-5

步骤02 弹出"结果显示"对话框，单击"设置"按钮，为股票设置盯盘条件，如图 8-6 所示。

🐋 结果显示				— □ ×
鹰眼盯盘	划线预警			
异动品种	异动情况	价格	异动时间	

启动盯盘	查看走势	设置	双击查看分时走势

图 8-6

步骤03 弹出"盯盘条件设置"对话框，在对话框中勾选需要设置的盯盘条件前的复选框，并利用下拉箭头调整至所需参数值，然后单击"保存退出"按钮，如图 8-7 所示。

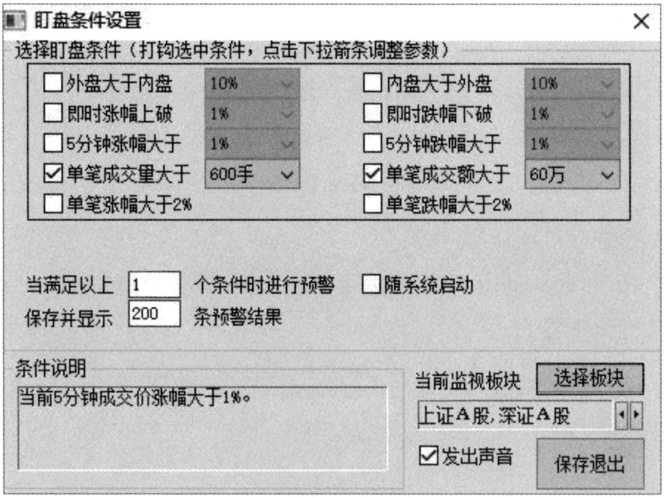

图 8-7

步骤 04 返回"结果显示"对话框,单击"启动盯盘"按钮,即可在对话框中看到鹰眼盯盘的结果,单笔成交量大于 600 手或者单笔成交金额大于 60 万的就会显示异动情况,便于投资者观察主力操盘动向,如图 8-8 所示。

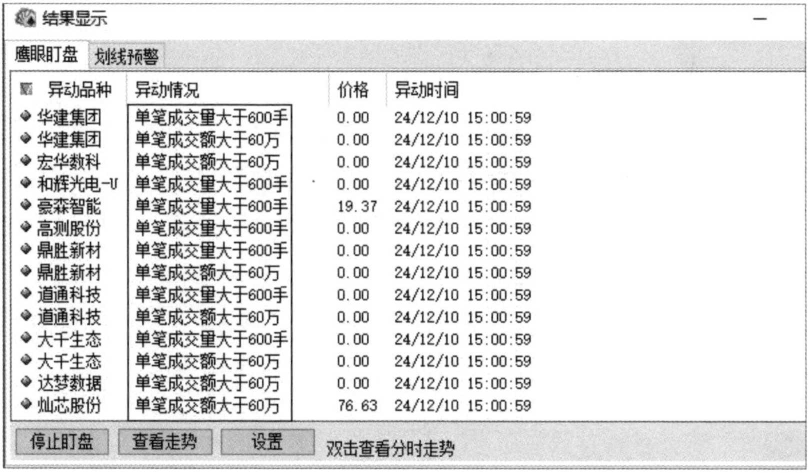

图 8-8

8.6　通过龙虎榜数据观察主力动向

使用同花顺的龙虎榜数据来观察主力动向是许多投资者常用的一种方法。龙虎榜（也称为"交易公开信息"）提供了每日沪深两市中涨幅、跌幅、换手率等排名靠前的个股的资金进出情况，特别是机构和游资的操作痕迹。

步骤01　在同花顺工具栏中单击"龙虎"按钮，如图 8-9 所示，弹出"龙虎榜首页"界面。

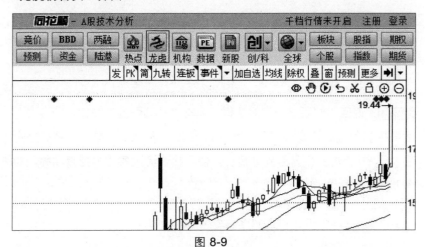

图 8-9

步骤02　在龙虎榜首页中，单击"全部上榜"按钮，可以看到全部上榜的股票信息，包括连续上榜天数及每只股票的涨幅、跌幅、价格、换手率、金额等数据。了解个股的资金进出情况，可以更清晰地看出主力的态度。龙虎榜会列出上榜的特定原因，如日涨幅偏离值达 7%、连续三个交易日内涨跌幅偏离值累计达 20% 等。了解这些上榜原因有助于投资者初步判断市场对某只股票的关注度，如图 8-10 所示。

步骤03　在龙虎榜首页中还可以选择查看机构参与、游资参与和量化参与的股票排行榜信息，如图 8-11 所示。

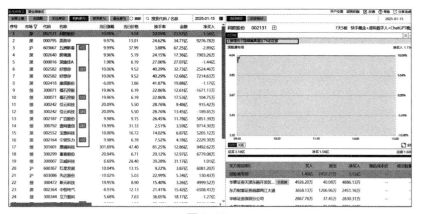

图 8-10

序号	市场 ▽	代码	名称	当日涨幅	当日价格	换手率	金额	净买入
1	深	002131	利欧股份	10.08%	4.04	10.05%	23.57亿	1.58亿
2	深	002031	巨轮智能	10.05%	6.68	34.69%	44.57亿	1.21亿
3	深	002265	建设工业	9.99%	33.90	20.98%	27.96亿	8466.80万
4	深	000795	英洛华	9.97%	13.01	24.62%	34.77亿	9276.78万
5	沪	603777	来伊份 3日	9.99%	22.36	0.80%	19.61亿	-1598.66万
6	沪	603667	五洲新春 3日	9.99%	37.99	3.88%	67.25亿	-2.89亿
7	深	002917	金奥博 3日	10.03%	15.80	1.14%	11.48亿	1965.81万
8	深	002582	好想你 3日	10.06%	9.52	40.29%	32.73亿	2524.46万
9	深	002582	好想你	10.06%	9.52	40.29%	12.68亿	7214.63万
10	沪	600128	苏豪弘业	10.03%	12.73	27.73%	8.12亿	1581.86万
11	沪	600128	苏豪弘业 3日	10.03%	12.73	27.73%	22.81亿	-4705.90万
12	创	300071	福石控股	19.96%	6.19	22.86%	12.61亿	-1671.13万
13	创	300242	佳云科技	20.09%	5.50	28.76%	9.48亿	915.42万
14	深	002187	广百股份	9.98%	9.15	26.45%	11.78亿	5851.39万
15	创	300792	壹网壹创 3日	19.99%	31.33	2.51%	3.59亿	9714.30万
16	创	300792	壹网壹创	19.99%	31.33	2.51%	1.67亿	6096.83万

图 8-11

步骤04 在龙虎榜首页中，每只上榜股票都会显示买入金额最大的前五名和卖出金额最大的前五名证券营业部的信息。这有助于识别哪些营业部频繁出现在某些股票的买方或卖方位置，进而推测是否有知名游资或机构在操作，更有利于观察主力资金的动态，如图 8-12 所示。

分时 K线					全屏
总买 3.18亿		净买 1.58亿			总卖 1.60亿

买方席位前5	买入	卖出	净买入	预估成本价	成交数量
深股通专用	1.40亿	2452.27万	1.15亿	--	--
华泰证券天津东丽开发区... 交易猿	4926.20万	40.08万	4886.13万	--	--
东方财富证券昌都两江大道	3658.13万	1206.96万	2451.16万	--	--
华林证券深圳分公司	2867.76万	37.45万	2830.31万	--	--
中泰证券深圳分公司	2812.84万	76.53万	2736.31万	--	--
卖方席位前5	买入	卖出	净买入	预估成本价	成交数量
机构专用	230.50万	4232.66万	-4002.16万	--	--
东方财富证券拉萨团结路第一	1980.47万	2847.89万	-867.41万	--	--
华鑫证券上海红宝石路 炒股养家	1337.56万	2573.16万	-1235.59万	--	--
东北证券青岛分公司	1.20万	2527.92万	-2526.72万	--	--
深股通专用	1.40亿	2452.27万	1.15亿	--	--

图 8-12

步骤05 打开通义千问，单击提示词输入框左侧的上传按钮，在展开的列表中单击"上传图片"命令，上传图 8-12，并在提示词输入框中输入下列文字："请您作为一名股票分析师，解读一下上传的这张图中龙虎榜显示买卖前五名的营业部的交易详情。"如图 8-13 所示。

⬆ 请您作为一名股票分析师，解读图中龙虎榜显示买卖前五名的营业部的交易详情。

图 8-13

通义千问的回复如下所示。

AI 这张图展示了某只股票的龙虎榜数据，具体包括买卖前五名的营业部的交易详情。以下是对这张图的详细解读：

总体概况

总买入金额：7.52亿元

总卖出金额：7.78亿元

净买入金额：-2574.81万元（净卖出）

综合分析

主力动向：

从数据来看，东方财富证券的多个营业部在买卖双方中都有显著的交易量。东方财富证券某营业部在买入和卖出方面都有较大的金额，且净买入为负，显示出有主力在进行高抛低吸的操作。

资金流向：

总体来看，净买入金额为负（-2574.81万元），显示出资金整体流出的迹象。

东方财富证券拉萨某营业部在卖出方面有较大的净卖出金额（-4040.19万元），显示出有主力在卖出。

市场解读

东方财富证券拉萨团结路第二营业部和东方财富证券拉萨团结路第一营业部的卖出行为可能表明这些营业部对当前市场持谨慎态度，可能在进行获利了结或调整仓位。

国信证券浙江互联网分公司的买入行为可能表明该营业部对当前市场持乐观态度，可能在进行加仓或建仓。

东方财富证券拉萨东环路第二营业部和东方财富证券拉萨东环路第一营业部的买入行为可能表明这些营业部对当前市场持乐观态度，可能在进行加仓或建仓。

8.7　主力建仓盘面

建仓阶段就是主力资金（庄家）开始介入市场买进股票，在这个阶段，庄家力图以尽量低的价格成交并悄无声息地收集筹码。这些收集到的筹码，庄家是不会轻易抛售的，因为它是庄家未来产生收益的源泉。这一阶段每日的成交量极少，且变化不大，分布均匀，到了建仓阶段末期，成交量有所放大，但并不是很大，股价不跌，或即使下跌也会很快被拉回，上跳行情不会马上到来。因此，此阶段散户投资者应以观望为宜。下面我们来认识庄家建仓的几种方式。

1．横盘建仓方式

横盘建仓方式是庄家最常用的一种建仓方式。当股价经过漫长的下跌之后，股票具有了一定的投资价值，此时庄家开始入驻建仓。在建仓的时候，庄家为了不让散户看出其正在大量吸纳筹码，会在一个高点挂上大量卖单，给股价回升带来很大压力；与此同时，庄家又在某一个低点挂出大量的买单，给股价上涨提供支撑，这样股价的走势就会保持在一个箱体内作小幅震荡，形成横向盘整的格局。

横盘建仓在盘面上一般具有如下几个特征。

（1）横盘建仓时，股价经历了一次长期大幅度的下跌过程后，已经到了跌无可跌的状态。

（2）横盘建仓的时间相对较长，一般横盘时间要在两个月以上，有的股票的横盘时间甚至长达半年或更久。

（3）横盘建仓时的成交量极度萎缩，几乎处于无量状态。

横盘建仓方式就是庄家针对持股耐心不足的散户进行的操作，对于市场上的散户来说，由于资金量较小，无法买进多只股票，当买入的股票长时间在一个平台上整理、没有一丝上涨的迹象时，就会产生厌倦的心态，经不起长时间的考验，散户不得不抛出手中的筹码，庄家正好趁机吸纳这部分低价的筹码从而完成建仓工作。

图 8-14 所示就是横盘建仓方式的例子，股价长时间维持在一

个较小的区域内震荡，形成一个横向整理的走势，庄家经过这段时间的收集筹码，基本上达到了控盘的程度，随后股价向上突破。利用横盘建仓手法完成建仓的股票，出现横盘整理的时间越长，则后期上涨的空间就越大，散户可以密切关注，一旦股价向上突破，就是买入的信号。

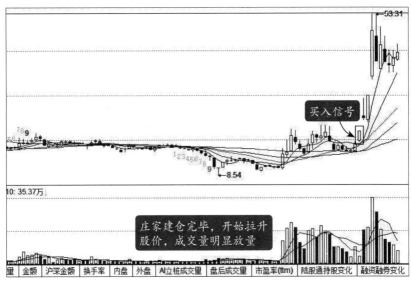

图 8-14

> **提 示**
>
> 横盘建仓时的震荡幅度相对较窄，横盘时股价并非一成不变。一般来说，横盘总是发生在一个较小的箱体中，且上下波动幅度不大，一般在 20% 以内，大部分的时间都只有 10% 左右，这样不容易引起断线跟风盘。

2. 打压建仓方式

打压建仓是指股价还在下跌的时候，庄家就开始介入个股进行操作，整个下跌过程就是其建仓过程。一般来说，在市场人气低迷或者出现利空消息的时候，庄家喜欢采用打压建仓的方式，这样可以不用费太大的力气就能将股价打压下去，降低建仓成本，同时还能引起恐慌性抛盘，可谓一举两得。

打压建仓在盘面上一般具有如下几个特征。

（1）打压建仓时，在 K 线图上往往会出现破位或者创新低等恶劣走势形态。

（2）打压建仓时，成交量一般都会放大，但打压之后很快又变成缩量。

（3）打压建仓当天股价的跌幅往往在后市很快就会重新被收复，即很快又涨起来。

对于打压建仓方式，如果短线投资者此时还是浅套，且股价又刚刚起跌，就可以斩仓出局，待低点再补仓介入；如果股价跌幅已经达到了 50% 以上，那么此时短线投资者就不要盲目卖出手中的股票了，如图 8-15 所示。

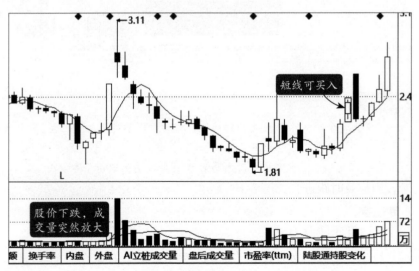

图 8-15

3．拉高建仓的买点

拉高建仓是指在股价的上涨过程中建仓，在盘面上可以看到股价走出一波上涨的行情。拉高建仓主要是利用短期的大涨来诱惑散户，使散户为求落袋为安而纷纷抛出股票，同时场外的持币者也会因短期涨幅过大，而不追涨买进，庄家以此来完成他们的建仓任务。拉高建仓在盘面上一般具有如下几个特征。

（1）拉高建仓前，从 K 线图呈现的整体走势来看，股价正在长期下跌通道运行，或者是长期在底部震荡低迷运行，大部分都是小阴线和小阳线，整个走势的震荡幅度大部分不会超过 2%。当庄家开始入驻建仓时，股价就会慢慢脱离底部区域，K 线图上也会慢慢呈现出上涨的趋势。

（2）一般在拉高建仓过程中，庄家把股价拉高到一定幅度后，为了把里面的短线获利筹码赶出去，会让股价在这个价位来回震荡或者横盘整理。从 K 线图上来看，股价就会呈现一段小幅震荡走势形态或者横盘走势形态。

（3）采用拉高方式建仓，庄家入驻之前和之后成交量有明显的变化。庄家入驻之前，成交量相当低迷；当庄家入驻建仓后，成交量就会逐步放大；当庄家把股价推高到一定程度后，成交量会持续地温和放量。

在拉高建仓的过程中，如果是在低价位已经介入了的短线投资者，可以先逢高出局观望或者等股价回调后，确认后期强势放量上涨，则应及时跟进，如图 8-16 所示。

> **AI 参谋**
>
> 在通义千问中询问有关拉高建仓的问题，输入提示词："国投中鲁（600962）2024 年 4 月 16 日至 2024 年 6 月 4 日的 K 线图，这一时间段是否为庄家在拉高建仓？"庄家拉高股价，诱使投资者抛售手中的筹

码进行吸筹，完成建仓。投资者利用 AI 工具的分析可以看出庄家的操盘动向。

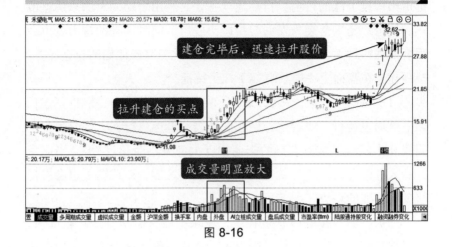

图 8-16

8.8 主力整理盘面

主力在完成建仓后，通常会进行一段时间的整理，这个阶段被称为"整理盘面"或"洗盘"。整理盘面的主要目的是清除"浮筹"（即那些持股信心不坚定、容易被市场波动影响而卖出股票的投资者），以便于后续股价能够更加平稳地上涨。同时，让看好后市的坚定者进来，协助庄家"抬轿"（抬升股价），以降低庄家进行股价拉升的成本和压力。下面通过洗盘的三种形式来介绍洗盘的盘面特征。

1．打压洗盘

打压洗盘是指庄家通过控盘，快速打压股价，使股价大幅回落，充分制造市场的恐慌气氛，强化散户的悲观情绪，从而动摇散户的持股信心，使他们最终无法接受股价大幅下跌的事实而抛出手中的股票，庄家正好接住散户抛售出来的股票，达到洗盘的目的。

在庄家采用打压洗盘的过程中，股价会跌破一些重要的平均线，或是重要技术位，但是成交量往往会处于缩减的状态，这就暴露了庄家是在洗盘而不是出货。

短线投资者如果遇到以打压式洗盘的个股，应根据移动平均线、成交量、阻力位和支撑位等技术要素进行综合分析。例如，股价放量上涨，远离移动平均线时，预示洗盘将要出现，为短线卖出时期；当股价缩量回落到移动平均线时，预示洗盘将要结束，为短线买入时机，如图 8-17 所示。

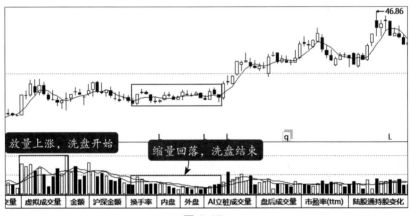

图 8-17

提 示

庄家在打压洗盘的时候，不会只进行一次打压，而是反复多次打压，一次打压洗盘清理力度不足以将目标投资者驱赶出局，因此庄家会反复多次打压，动摇散户的信心，迫使其抛售手中的筹码。

2. 横盘震荡洗盘

横盘震荡洗盘方式是指股价在某一区域形成较长时间的横盘格局，庄家将股价控制在一个很窄的范围内，形成长期的牛皮市沉闷走势，用时间去消磨跟庄者的意志和信心，同时又让一些有远见的投资者进入，这样就成功地完成了筹码的换手，提高了市场的平均成本。横盘震荡洗盘的盘面特征主要有两个。

（1）股价走势往往会处于横盘整理趋势，如整理形态中的三角形、旗形、矩形或楔形等形态。

（2）成交量整体呈现逐级缩减的态势。

短线投资者如果遇到以横盘震荡式洗盘的个股，应多看少动为宜。当股价放量突破盘整区域时，可买进，如图 8-18 所示。

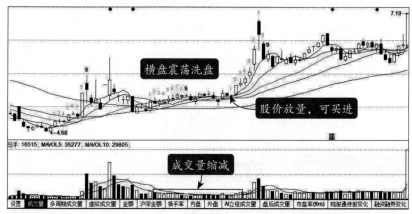

图 8-18

在通义千问中上传图片并询问关于横盘震荡洗盘的问题，输入提示词："上传图片为雪迪龙（002658）2024 年 8 月 21 日至 2024 年 11 月 21 日的 K 线图，在这一时间段的横盘震荡洗盘中，投资者在哪个时间点买入和卖出可获利最大化？"投资者利用 AI 可分析出哪个区域为庄家震荡洗盘的重要环节，从而抓住买卖机遇。

3．边拉边洗式洗盘

边拉边洗式洗盘是指在股价被拉升的过程中，同时进行洗盘动作。庄家通过这种方式可以压缩短线投资者的获利空间，促进短线盘之间的换手，以减轻上涨的压力。

这种洗盘方式中，庄家采用的是化整为零的操作策略：在日 K 线图上，以小阴线、大阴线或十字星形式出现，找不出明显的洗盘图形；在形态上，股价每次回落的低点一个比一个高，每次拉升的高点也一个比一个高，股价的重心是不断上移的。

短线投资者如果遇到边拉边洗式洗盘的个股，在股价远离短期移动平均线、乖离率偏大时，可择高先行退出；在股价接近短期移动平均线时，可择低介入。也可以根据上升趋势线或轨道线进行买卖判断，当股价触及上升趋势线或轨道线的上沿时，短线投资者可卖出；当股价触及上升趋势线或轨道线的下沿时，短线投资者可买进，如图 8-19 所示。

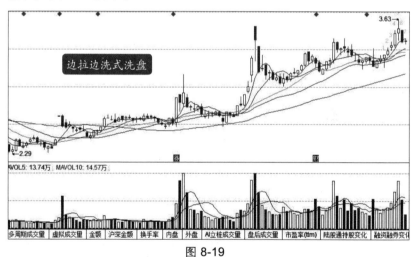

图 8-19

提 示

庄家常见的洗盘手法还有短线暴跌式洗盘、滞涨洗盘、缩量洗盘等。

8.9　主力拉升盘面

前面介绍了主力资金的建仓、洗盘的过程，这些工作都是为了把股价炒高，庄家想要让股价涨上去，就必须对其进行拉升。可以说不经历拉升，庄家就不可能获利，可见拉升在庄家坐庄过程中是一个十分重要的阶段。

下面介绍 3 种常见的拉升形式。

1．直线式拉升

直线式拉升指的是主力资金在洗盘结束后，采用连续拉出大阳线或连续拉涨停板的方法迅速将股价拉高，形成一种逼空的走势。这种拉升方式可以使股价一飞冲天，这样既节省庄家的资金，又缩短了拉升的时间，还可以打开上升的空间。直线式拉升的盘面特征如下。

（1）在 K 线图上连续拉出大阳线，甚至连续出现涨停、连续跳空高开，并且这些向上跳空的缺口在短期内一般不会回补。

（2）一般需要大盘走势的配合，或者运作个股出现突发性利好，或者该股符合当前市场的炒作热点。

（3）股价在这个过程中不会出现明显的回调，一旦投资者抛出股票，就只能以更高的价格买回。

短线投资者遇到以直线式拉升的个股，可在股价出现放量向上突破，或者以很小的成交量就能把股价拉到涨停且封盘不动时，积极买进，如图 8-20 所示。

2．阶梯式拉升

阶梯式拉升是庄家先将股价拉高到一定的幅度，然后又横盘整理一段时间，将那些持股信心不坚定的投资者震出局；接着庄家又将股价拉高一定幅度，然后又停下来横盘整理。如此反复，不断地将股价推高。庄家之所以采用这种拉升方式，主要是运作的个股缺乏重大利好题材，或者是庄家资金实力不够。

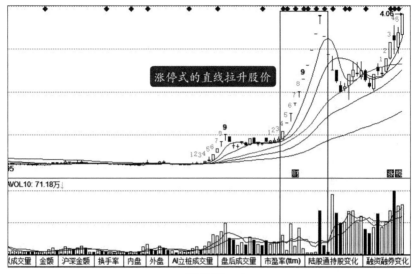

图 8-20

阶梯式拉升的盘面特征是在 K 线图上形成了一个阶梯状。另外，在阶段式拉升的过程中，拉升时成交量放大，横盘整理时成交量缩小。

短线投资者遇到以阶梯式拉升的个股，可以在股价放量冲高回落，或收出放量阴线、高位十字星时卖出。在股价经过一段时间横盘整理后，持币者在放量向上突破时可重新买入，如图 8-21 所示。

AI 参谋

在通义千问中上传图片并询问阶梯式拉升股票的问题，输入提示词："图片为中国高科（600730）2024 年 7 月 25 日至 2024 年 11 月 12 日的 K 线图，在这一阶段 K 线图中，如何识别庄家假突破的骗局？"投资者可以利用 AI 分析出庄家假突破的骗局，适时调整持仓成本。

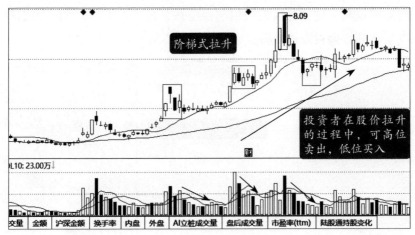

图 8-21

3．慢牛式拉升

慢牛式拉升是指股价沿着一定的斜率直线上涨，以一种稳健的上升步伐来吸引更多的买盘资金加入，以帮助庄家拉高股价。庄家采用这种拉升方式一般都是在最后的建仓或增仓阶段，也就是推高建仓阶段，此时庄家在低位区已经买入了不少的筹码，很难在低价位再收集到筹码，因此庄家开始一边推升股价，一边继续增仓，这样既不用把股价涨得太高，同时还能较为隐蔽地完成拉升和建仓任务。

慢牛式拉升的盘面特征是盘面上会出现小阴线、小阳线交错出现的情形，股价好似慢牛爬坡一样，沿着某条中短期移动平均线缓慢上行，股价波动的幅度比较小，如图 8-22 所示。

8.10 主力出货盘面

出货阶段是主力资金坐庄过程中的最后一个步骤，也是最关键、最难的一关，因为它关系到庄家能否顺利将手中的筹码兑现成账面收益，从而直接决定了主力资金坐庄的成功与否。主力资金为了顺利出货,就会采用各种手段来稳定持股者的信心,以此来吸引买盘,从而让自己在高位派发出手中持有的大量筹码。

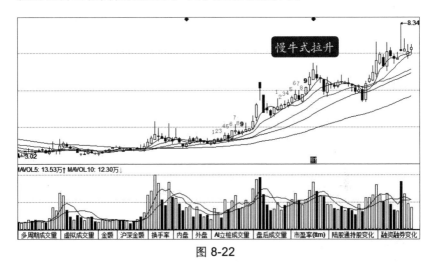

图 8-22

投资者为了不中庄家的计策,就需要全面了解庄家出货的方式,只有了解了这些出货操作手法,才能避开庄家的陷阱。庄家惯用的出货方式包括三种:高位震荡出货、快速拉高出货、杀跌出货。

1. 高位震荡出货

高位震荡出货是一种较为隐蔽的出货方式,也是庄家使用比较广泛的一种出货方式。高位震荡出货是指庄家将股价拉至目标价位后,在高位开始控制股价,使其在一个区域内上下震荡,在这个震荡区间内,股价上涨时庄家顺势出货,而股价下跌至某个价位时庄家就开始护盘,不让股价出现破位走势,以免惊动其他投资者。在这个过程中,庄家采用了高卖低买且卖远远多于买的出货方式。

如果短线投资者发现股价经过大幅度上涨后,在某个区间长期大幅震荡,迟迟不向上拓展空间,则应考虑庄家是在震荡出货,如图 8-23 所示。

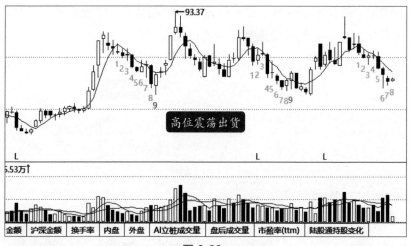

图 8-23

> **提　示**
>
> 　　庄家一般会选择大盘指数还没有真正到达顶点时采用高位震荡出货方式，因为此时大盘仍有上升的空间，大多数投资者都看好后市。

2．快速拉高出货

　　快速拉高出货是指庄家利用大势或利好消息，快速拉抬股价，成交量也急剧放大。此时市场已经失去了理性，很多散户丧失警惕，把风险抛在了脑后，于是一些前期没有介入的散户开始蠢蠢欲动，最后盲目追进；还有一部分散户自以为是技术高手，认定后面还有第二波行情，因此没等股价下调多少就重仓买进。就在众多散户疯狂跟进时，庄家趁机大举卖出手中的筹码，成功出货。

　　庄家什么时候停止拉升，短线持股者就应该在什么时候坚决离场，即看到股价滞涨并出现大的成交量时，就要坚决抛出股票，如图 8-24 所示。

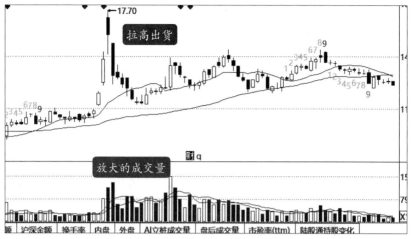

图 8-24

对于涨幅较大的股票，投资者要防止掉入庄家的出货陷阱，对于那些涨幅较大的股票，如果在高位时出现利好消息，投资者应保持冷静，不要冲动地入场买入，以防止掉入庄家的出货陷阱。

3．杀跌出货

杀跌出货也称"打压出货"，其操作方式为：当股价已炒至较高位置时，庄家在盘中迅速出掉一部分货，使投资者认为只是短暂的回调洗盘而已，后市会延续升势；回调了 2～3 天后，当市场对放出的大量有所警觉时，庄家却更加狠心地打压股价使其加速下滑，令前几日买入者套牢，无法出局，如图 8-25 所示。

杀跌出货具有以下几点盘面特征：

（1）股价出现连续下跌趋势，但在杀跌出货过程中，庄家唯恐惊动散户，因此单个交易日的跌幅一般不会太大。

（2）随着股价下跌的继续，成交量反而出现放大态势，即量增价跌态势。

（3）股价连续下跌之后，很少出现大幅度的反弹，大多以横盘的方式出现。

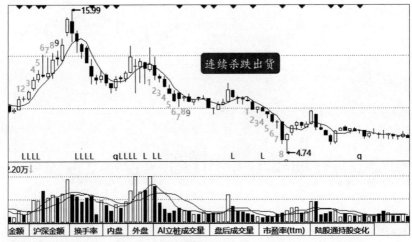

图 8-25

　　在通义千问中询问庄家出货的问题，输入提示词："分析庄家出货的假象有哪些，投资者如何避免掉入假出货的陷阱？"庄家出货时必定会制造出众多假象迷惑散户，投资者利用 AI 可以识别出庄家真正的出货步骤，及时清仓获利。